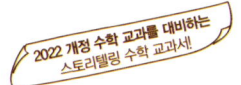

떡장수 할머니와 호랑이는

구구단을 몰라

초등 1·2학년 수학동화 시리즈 ❹
떡장수 할머니와 호랑이는 구구단을 몰라(개정판)

4판 2쇄 발행 2025년 8월 28일

글쓴이   이안
그린이   김준영
수학놀이 한지연

펴낸이   이경민
펴낸곳   ㈜동아엠앤비
출판등록 2014년 3월 28일(제25100-2014-000025호)
주소   (03972) 서울특별시 마포구 월드컵북로 22길 21, 2층
홈페이지 www.moongchibooks.com
전화   (편집) 02-392-6901 (마케팅) 02-392-6900
팩스   02-392-6902
전자우편 damnb0401@naver.com
SNS

© 이안, 김준영

ISBN 979-11-6363-756-1 (74410)
     979-11-6363-749-3 (세트)

※ 책 가격은 뒤표지에 있습니다.
※ 잘못된 책은 구입한 곳에서 바꿔 드립니다.

도서출판 뭉치는 ㈜동아엠앤비의 어린이 출판 브랜드로, 아이들의 지식을 단단하게 만들어 주고, 아이들의 창의력과 사고력을 키워 주어 우리 자녀들이 융합형 창의 사고 뭉치로 성장할 수 있도록 좋은 책을 만들겠습니다.

추천사

수학이 재미있는 이야기로 꾸며진다면 어떨까요? 매일 동화책을 읽듯이 수학 공부를 하면 참 재미있을 거예요.

사람들은 대부분 '수학' 하면 더하기, 빼기, 곱하기 같은 계산을 떠올리지만, 사실 수학은 우리들의 일상생활 속에서 시작되었어요. 아주 오랜 옛날부터 사람들은 물건을 세거나 계산해야 할 일이 생겨났거든요. 또 내가 기르는 양이 몇 마리인지, 수확한 사과가 몇 개인지 알아보려면 수가 필요했지요. 이렇게 해서 생겨난 것이 수학이랍니다.

수학은 사람들의 호기심에서 시작되었기 때문에 수학에는 많은 이야기가 숨어 있어요. 사실 수학을 빼고 나면 "떡 하나 주면 안 잡아 먹지!"라고 하는 『해님 달님』 동화도 읽을 수 없고, "십 리도 못 가서 발병 난다."고 하는 '아리랑' 노래도 부를 수 없어요. 피라미드의 높이를 잰 것도, 지구의 둘레를 잴 수 있었던 것도 바로 수학이 있었기 때문이지요. 이야기 속에 어떤 수학이 숨어 있나 찾아보는 것도 즐거운 수학 공부가 될 수 있어요.

이야기를 통해 수학을 배우면 배운 내용을 쉽게 그리고 오래 기억할 수

있어요. 지금보다 여러분이 더 어렸을 적 엄마 아빠가 들려준 이야기처럼 말이지요. 이 책을 읽다 보면 가끔은 이해가 되지 않는 부분도 있을 거예요. 하지만 걱정하지 말고 그냥 지나쳐도 괜찮아요. 아직은 배우지 않았지만 곧 학교에서 배우게 될 거니까요. 그때 지금 읽었던 이야기가 여러분 머릿속에 번쩍하며 떠오를 겁니다. 애완견 '와리'와 '이야기 속 주인공'들이 함께하는 재미있는 수학 탐험으로 여러분을 초대합니다.

그동안 수학이 더하기, 빼기 같은 계산만 있다고 생각하였다면, 이젠 이야기 속 주인공들과 함께 수학이 어디에 쓰이는지, 수학이 왜 필요한지 이야기를 통해 자연스럽게 알게 될 거예요. 이 책을 읽는 어린이 여러분은 '혹부리 영감, 도깨비 방망이'와 동화 속 이야기가 그러하듯이 수학동화 시리즈 속의 이야기를 통해 자유롭게 상상하고 맘껏 즐기길 바랍니다. 수학은 여러분이 생각하는 것보다 훨씬 재미있고 흥미진진합니다. 그러다 보면 어느새 수학은 재미없는 계산 문제가 아니라 호기심 가득한 신 나는 '장난감'이 될 거예요.

서울노일초등학교 교사 김남준

작가의 말

전래동화에는 재미있는 동물과 인물들이 많이 등장해요. 어수룩한 호랑이, 꼬장꼬장한 떡장수 할머니 그리고 인간에게 속은 도깨비도 있지요. 어디 그뿐인가요? 심청, 콩쥐, 바리공주, 혹부리 영감, 나무꾼 등 다양한 인물들의 이야기가 우리를 즐겁게 하지요.

이런 전래동화 속 주인공들이 수학을 배운대요. 수학에 관심이 많은 강아지 와리와 함께 '이상한 학교'에 다니기로 했거든요. 그런데 새 학기가 시작된 이상한 학교엔 도깨비들이 우글거려요. 선생님도 무서운 도깨비지요. 도깨비 선생님에게 수학을 배우다니! 어쩐지 으스스하다고요?

물론 무시무시하답니다. 문제를 맞히면 원하는 것을 무엇이든 준다는 도깨비방망이 잔치를 즐길 수 있지만, 문제를 못 맞히면 소름 끼치는 벌을 받기 때문이에요. 와리와 호랑이, 그리고 떡장수 할머니는 떡과 곶감, 버선을 갖고 열심히

 곱셈과 나눗셈 연습을 했어요. 셈 연습을 하면서 조금씩 상상력과 지혜를 키우자, 위기를 극복하는 재치와 용기도 생겨났답니다. 수학은 단지 셈만 잘하게 만드는 게 아니거든요. 수 계산을 하다 보면 생각이 깊어지고, 상상력이 커지면서 지혜가 생겨난답니다.

 곱셈구구를 외는 호랑이, 나눗셈을 하는 도깨비를 상상만 해도 웃음이 터진다고요? 맞아요. 이 책 속에는 배꼽이 빠질 만큼 재미난 이야기들이 펼쳐져요. 그런데 신기한 것은 그렇게 웃다 보면 어느새 셈 박사가 된다는 사실이지요. 책을 다 읽을 무렵이면 초등학교 1~2학년군 수학 교과서에 나오는 곱셈 방법과 곱셈구구, 분수까지 저절로 알게 될 테니까요.

 그 이야기가 궁금하다면 살그머니 책장을 넘겨 보세요. 와리를 따라 이상한 학교로 가기만 하면 된답니다. 수학이 얼마나 재미있고 신 나는 놀이인지를 금세 깨닫게 될 거예요.

어린이책 작가 이안

엄마를 위한 새 수학 교과서 소개

예전의 수학 교과서는 공식과 문제 풀이 위주의 딱딱한 내용들로 가득 차 있었습니다. 하지만 아이들이 이렇게 수학을 공부하면 금세 흥미를 잃고 배운 내용도 잊어버리고 말지요. 그래서 2012년 1월, 교육과학기술부에서는 수학 교과서의 구성을 스토리텔링으로 바꾸겠다고 발표했습니다.

스토리텔링 수학은 수학 내용과 관련 있는 소재와 상황 등을 동화로 꾸며 쉽고 재미있게 배우는 수학 학습법입니다. 또한 2015 개정 교육과정이 적용된 수학 교과서는 형식은 스토리텔링 수학을, 내용에서는 실생활 연계 통합교과형(STEAM) 수학을 보여주었습니다. 또한 학습 내용을 기존 교과서보다 20%나 줄이고 쉽게 조정하는 대신 다양한 교구를 활용한 활동을 늘렸습니다. 수학을 놀이처럼 즐기면서 자연스럽게 수학 학습을 할 수 있도록 하였습니다.

한편 2022 개정 교육과정에서 초중등 수학의 목표는 '초등과 중등의 연계성 강화'입니다. 이를

위해 교과 영역을 통합하고 과정을 간소화합니다. 즉 크게 수와 연산, 변화와 관계, 도형과 측정, 자료와 가능성 등 4개 영역으로 통합하였습니다.

그렇지만 여전히 단원 시작은 스토리텔링을 통해 학생들의 호기심과 흥미를 유발합니다. 또한 수학 교과서가 검정으로 바뀐 뒤 학교마다 다른 교과서를 사용하지만 학년별로 알아야 할 수학 성취 기준 내용은 공통입니다.

〈초등 1·2학년 수학동화〉 시리즈는 이러한 수학 교육의 변화에 맞춘 학습 동화입니다. 아이들에게 익숙한 명작 동화와 전래 동화 이야기로 학습 내용을 구성하여 자연스럽게 수학 지식을 익히도록 하였습니다. 책 속 부록인 〈개념이 쏙쏙 들어오는 엄마표 수학 놀이〉는 교과서에 첨가된 체험 및 놀이 영역을 반영하여 가정에서 부모님이 아이들과 함께 재미있는 놀이로 책을 통해 배운 내용을 복습할 수 있게 구성되어 있습니다.

전래 동화와 명작 동화 속 주인공들이 펼치는 신나는 모험 이야기를 따라가다 보면 아이들은 어느새 새로운 수학 개념과 문제 해결 방법을 깨닫게 되는 경험을 하게 될 것입니다.

편집부

전래동화도 함께 읽어 보세요

『해와 달이 된 오누이』 고개 너머 마을에서 일하고 집으로 돌아가는 엄마가 무서운 호랑이와 마주쳤어요. "떡 하나 주면 안 잡아먹지!"라던 호랑이는 떡을 다 먹고도 엄마를 잡아먹더니 오누이가 있는 집까지 찾아갔어요. 호랑이를 본 오누이는 나무 위로 도망쳐 하느님께 새 동아줄을 내려 달라고 빌었어요. 오누이가 동아줄을 타고 하늘로 올라가자 호랑이도 똑같이 빌었지요. 하지만 썩은 동아줄이 내려와 호랑이는 수수밭에 떨어져 죽었어요. 하늘에 올라간 오누이는 해와 달이 되었답니다.

『호랑이와 곶감』 깊은 밤, 호랑이가 배가 고파 마을로 내려왔어요. 어떤 집에서 아기 우는 소리가 들려서 가 보니 엄마가 우는 아이를 달래고 있었어요. 울면 호랑이가 와서 잡아간다고 해도 안 그치던 아이가 곶감 얘기를 하자 울음을 뚝 그쳤어요. 호랑이는 곶감이 얼마나 무서운 놈이기에 아이가 울음을 그쳤을까 놀라며 황급히 도망쳤고 다시는 마을로 내려오지 않았답니다.

『혹부리 영감』 혹부리 영감이 산 속에 나무를 하러 갔다가 하룻밤을 묵게 됐어요. 혹부리 영감은 무서움을 잊으려고 노래를 불렀는데 도깨비들이 듣고, 어디서 노래가 나오냐고 물었어요. 혹부리 영감이 혹에서 나온다고

둘러대자 도깨비는 순식간에 혹을 떼내고 대신 금은보화를 주고 떠났어요. 이를 본 이웃 마을의 욕심쟁이 혹부리 영감도 산 위에 올라가 노래를 불렀어요. 하지만 혹을 떼기는커녕 나머지 턱에도 혹을 붙이고 도깨비들에게 매만 맞고 돌아왔답니다. 도깨비들이 뒤늦게 속은 걸 알았기 때문이에요.

『콩쥐팥쥐』 콩쥐는 새엄마와 그 딸 팥쥐에게 괴롭힘을 당했어요. 나무 호미로 밭을 매야 하고 깨어진 독에 물을 채워야 했는데, 다행히 검은 소와 두꺼비가 나타나 콩쥐를 도와주었어요. 어느 날 새엄마와 팥쥐는 잔칫집에 가며 콩쥐에게 베를 짜고 방아를 다 찧으면 와도 좋다고 했어요. 이번엔 선녀가 나타나 베를 짜 주고 참새를 불러 쌀 껍질을 벗겨 주어 콩쥐는 잔칫집에 갈 수 있었어요.
그런데 잔칫집에 가던 콩쥐가 비단신 한 짝을 잃어버렸는데 고을 사또가 주워 찾아 주었어요. 사또는 첫눈에 콩쥐에게 반했고 사또와 콩쥐는 결혼하여 오래도록 행복하게 살았답니다.

이상한 학교 친구들을 소개합니다

와리 한때는 내가 '이상한 학교'의 셈 박사였는데 도깨선생이 내는 문제는 너무 어려워. 문제를 못 맞히면 엽전 꾸러미나 곶감으로 만들어 버리겠대. 이러다 시우를 영영 못 보게 되는 건 아닐까?

시우 학교에서 곱셈구구라는 걸 배웠어. 노래를 부르듯이 2단부터 9단까지 외우는데 정말 재밌어. 와리한테 들려 줬지만 와리는 못 알아듣더군.

떡장수 할머니 도깨선생이 무슨 문제를 내든 나만 믿어. 내가 떡장수 생활만 50년이니께! 셈 시합에 이겨서 호랑이 가죽도 벗겼당께. 호랑이들이 날 보고 슬슬 피할 정도여. 맛있는 떡을 만드는 것만큼 셈에도 자신 있구먼.

도깨선생 내가 심술 맞고 무서워 보인다고? 사실은 놀기 좋아하고 내기도 좋아하는 철부지 도깨비야. '이상한 학교'의 선생님이 되어서 점잖은 척하느라 애를 먹고 있다구.

호랑이 별명이 곶감호랑이일 정도로 곶감을 좋아해. 곶감이라면 자다가도 벌떡 일어나지. 셈 시합에 져서 가죽이 홀랑 벗겨진 아버지가 셈을 잘해야 한다면서 날 이상한 학교에 보냈어. 셈에는 자신 없는데, 무서워. 우어엉!

혹부리 영감 난 도깨선생이 하나도 안 무서워. 내 꾀로 도깨비들을 속였던 적이 있거든. 도깨비방망이 잔치에서 장구도 치고 노래도 하면서 신 나게 한판 놀아 볼거나.

콩쥐 새엄마랑 팥쥐가 어마어마하게 너른 밭을 나 혼자 매래. 누군가 밭매는 걸 도와줬으면……

차례

추천사 4

작가의 말 6

엄마를 위한 새 수학 교과서 소개 8

명작동화 및 등장인물 소개 10

이야기 하나
도깨비가 나타났다! 16

물건들을 묶어서 세고, '몇 개씩 몇 묶음'의 형식으로 나타내기

이야기 둘
떡장수 할머니의 떡 세는 법 36

'몇 개씩 몇 묶음'을 '몇의 몇 배'로 바꿔 쓰기

이야기 셋
버선을 세면 구구단이 보인다? 52
2~9단 곱셈구구를 알고, 곱셈표에서 여러 가지 규칙을 찾기

이야기 넷
과녁을 못 맞힌 호랑이가 답이야 72
1단 곱셈구구를 알고, 0과 어떤 수의 곱을 이해하기

이야기 다섯
콩쥐네 밭을 똑같이 나눠 매자! 90
분수를 알고, 전체 양을 똑같이 나누는 나눗셈 하기

● 책 속 부록 ●
개념이 쏙쏙 들어오는 엄마표 수학놀이 110
▶ 홈스쿨링 전문가 중현맘이 추천하는 수학놀이로 개념과 원리를 다져요!

수학놀이 1 바둑돌로 짝짓기 놀이를 해요
수학놀이 2 곱셈으로 빙고놀이 할까?
수학놀이 3 시장놀이로 곱셈을 연습해요
수학놀이 4 사탕을 몇 개씩 나눠 줄 수 있을까?
수학놀이 5 곱셈과 나눗셈은 사이좋은 친구야
수학놀이 6 색종이로 분수 만들기

이야기 하나

도깨비가 나타났다!

곱셈

"삼삼은 구! 삼사 십이!"

아침부터 큰 소리로 중얼대며 떠드는 시우 때문에 잠이 확 깼다. '삼삼은구, 삼사십'이라니? 무슨 소린지 통 알아들을 수가 없었다.

"왈왈!(조용히 해!)"

나는 냅다 고함을 쳤다. 그래도 시우는 들은 척도 하지 않았다.

"와리 넌 구구단이 뭔지도 모르지? 잘 들어봐. 이게 바로 구구단이야. 구일은 구, 구이 십팔, 구삼은 이십칠……."

2학년이 되면서 시우는 잘난 척이 늘었다. 그렇다고 기가 죽을 내가 아니다. 시우는 모르는 일이지만, 사실 나도 학교에 다닌다. 동화 속 주인공들이 다니는 이상한 학교! 이상한 학교에선 나도 '셈 박사'로 통한다. 덧셈이든 뺄셈이든 숫자만 대면 척척 계산을 해내는 실력에 모두들 깜짝 놀라곤 한다.

"우와! 심청이다!"
이상한 학교의 새 학기 첫날! 교실에 들어서자 가장 먼저 눈에 띈 건 심청이었다. 총총 땋은 댕기 머리에 곱게 한복을 차려입고 있었다. 그 옆에 예쁜 공주님도 보였다.
"안녕! 난 바리공주야. 반가워!"
가녀린 외모와는 달리 바리공주는 무척 씩씩했다. 악수하자고 쑥 내민 손도 단단하고 강해 보였다. 그리고 볼수록 무척 예뻤다.
'예쁜 바리공주와 짝이 되면 얼마나 좋을까?'
나도 몰래 얼굴을 붉히며 바리공주와 단짝이 되는 달콤한 상상에 빠져드는 참이었다.
"와리라고? 고 녀석 참 귀엽네."
누군가 불쑥 다가와서는 내 등을 툭툭 쳤다. 볼에 주먹만 한 혹을 붙인 채 나타난 할아버지……. 아하! 혹부리 영감이 분명했다. 그렇게 큰 혹은 처음 보는 터라 더 자세히 보려고 하는데 이번엔 낯선 할머니가 내 엉덩이를 쓰다듬었다.

"참말로 귀여운 녀석이구먼. 넌 나하고 짝허자. 밤길에 떡 팔러 다닐 때마다 무서웠는디 잘 됐네, 그려. 함께 다니면 겁도 안 나고, 길동무도 되고."

내 마음은 이미 바리공주에게로 가 있는데, 난데없이 떡장수 할머니가 끼어들지 뭔가. 뾰로통한 표정으로 대꾸를 하려는데, 갑자기 '어흥!' 하는 오싹한 울음 소리가 들리더니 덩치가 산 만한 호랑이가 어슬렁어슬렁 교실로 들어섰다.

"엄마야!"

"사람 살려!"

교실 안은 삽시간에 아수라장으로 변했다. 심청은 책상 밑으로 쏙 숨었고, 떡장수 할머니는 의자 밑에 머리를 박고 엉덩이를 하늘로 들어 올린 채 벌벌 떨었다. '꽈당!' 하는 소리에 돌아보니 혹부리 영감이 눈을 하얗게 홉뜬 채 쓰러져 있었다. 너무 놀라 기절을 한 모양이었다. 나도 바리공주 뒤에 냉큼 숨었다. 번쩍이는 호랑이의 눈빛에 오줌이 설설 나올 지경이었다.

그런데 호랑이가 하는 짓이 좀 이상했다. 수줍은 듯 허리를 배배 꼬며 얼굴을 살짝 붉히기까지 하는 게 아닌가.

"나는 누구하고 짝을 하지? 나랑 짝할 사람? 이왕이면 곶감을 많이 가진 친구면 좋겠는데. 난 별명이 곶감호랑이일 정도로 곶감을 아주 좋아하거든. 쩝쩝. 아, 참! 난 사람은 잡아먹지 않으니까 걱정마."

그제야 떡장수 할머니가 옷을 툴툴 털며 고개를 빼 들었다.

"아이고, 깜짝이여! 난 또 호랑이 밥이 되는 줄 알았구먼."

"에고, 십년감수했네!"

혹부리 영감도 혹을 달랑거리며 정신을 차리고 일어났다. 나도 마음을 놓고 한숨 돌리려는데 등 뒤에서 또 천둥 같은 소리가 쩌렁쩌렁 울렸다.

"이놈들! 왜 이렇게 떠들고 있어? 종 친 지가 언젠데!"

"이번엔 또 뭐야?"

모두들 투덜투덜 고개를 돌렸다. 거기엔 온몸에 시커먼 털이 덥수룩하고 이마에 커다란 외눈과 외뿔을 달고 사방으로 삐죽삐죽 뿔이 돋은 방망이를 든 사나이가 있었다.

"으악! 도깨비다!"

교실 안은 다시 한번 아수라장으로 변했다. 심청과 떡장수 할머니는 다시 책상 밑으로 달려갔고, 나는 바리공주를 꼭 붙든 채 벌벌 떨었다. 놀란 호랑이가 바리공주의 치마 속으로 막 숨어드는데, 쩌렁쩌렁한 목소리가 다시 울렸다.

"나는 도깹선생이다. 내가 온 기념으로 앞으로 일주일 동안 '도깨비방망이 잔치'를 벌이겠다!"

도깨비가 선생님이라니 온몸에 소름이 쫙 돋았다.

"잔치? 그럼 맛난 음식 먹으면서 신명 나게 놀겠구먼."

떡장수 할머니는 잔치라는 말에 무섬증도 다 달아난 눈치였다.

"물론이지. 먹고 마시고, 노래도 부르고, 춤도 출 수 있지. 또 상으로 도깨비방망이도 주마."

도깹선생은 고개를 끄덕끄덕하며 하나뿐인 눈으로 미소 지었다.

"히야!"

"우와!"

조금 전의 긴장감은 온데간데없이 교실엔 환호성이 넘쳤다. 하지만 그것도 잠시! 이어진 도깹선생의 말에 모두들 돌처럼 얼어붙고 말았다.

"단, 내가 낸 셈 문제를 맞혀야 잔치를 즐길 수 있다."

"만약 답을 못 맞히면 어떻게 되나요?"

호랑이가 빠끔 고개를 내밀며 묻자, 도깹선생이 방망이를 휘휘 돌리며 말했다.

"못 맞히면 벌을 받아야지. 아주 무시무시한 벌!"

도깹선생의 말에 호랑이는 털썩 주저앉아 벌벌 떨었다. 얼마나 떠는지 와닥닥닥 이빨 부딪히는 소리가 들릴 정도였다. 하지만 떡장수 할머니와 혹부리 영감은 자신만만이었다.

"내가 떡장사만 50년 동안 한 사람이여. 셈 문제라면 자신 있구먼!"

"나도 자신 있어! 도깨비가 내는 문젠데 어려워 봤자 얼마나 어려울까. 겁먹지들 말라고. 으흠!"

"자, 그럼 바로 시작하지. 볏단 나와라, 뚝딱!"

도깹선생이 도깨비방망이를 힘차게 내리치자 산더미같이 많은 볏단이 눈앞에 나타났다. 나는 입이 떡 벌어졌다.

"문제는 아주 간단하다. 각자 앞에 놓인 볏단이 모두 몇 개인지 맞히면 된다. 볏단의 수는 제각각 다르니까 베껴 쓸 생각은 하지 말고. 시간은 딱 3분을 주지. 지금부터 시작!"

도깹선생이 눈을 잔뜩 부라리며 풀피리를 삑 불었다. 수만 셀 수

있다면 누구나 답할 수 있는 간단한 문제였지만 볏단이 너무 많았다. 3분 만에 저 많은 볏단을 모두 세야 한다니 눈앞이 깜깜했다.
"하나, 둘, 셋, ……, 서른여덟, 서른아홉, ……, 쉰셋, 쉰여덟, 쉰

아홉. 아차! 쉰넷이었나?"

자꾸 숫자가 헛갈렸다. 게다가 볏단 모양이 모두 똑같아, 세다 보면 눈이 빙글빙글 돌 지경이었다. '떡장수 생활 50년'이라며 큰소리를 텅텅 치던 할머니도 당황한 눈치였다.

"저 많은 걸 어떻게 세라는겨."

"아까는 셈을 잘한다면서요?"

"그야 돈 계산하는 셈이지. 이젠 늙어서 눈도 침침한데. 큰일이여, 큰일."

할머니가 눈을 비비며 쩔쩔맸다. 호랑이는 아예 울음을 터트렸다.

"우어엉! 난 수도 잘 못 세는데……. 꼼짝없이 무시무시한 벌을 받게 될 거야."

셈 박사인 나도 호랑이를 따라 울고 싶은 심정이었다. 볏단이 너무 많아서 일일이 세려면 30분은 걸릴 것 같았다. 우왕좌왕하는 사이, 3분이 바람처럼 지나갔다.

"끝! 앞에 놓인 종이에 볏단의 수를 적어라."

도깨선생은 '요놈들, 두고 보자!' 하는 표정이었다.

'아마 다들 틀리겠지? 아무렴 저 많은 볏단을 다 셌겠어?'

그나마 다 같이 벌을 받을 거라고 생각하니, 많이 무섭지는 않았다. 그런데!

"옳거니! 심청과 바리공주 통과! 음…… 혹부리 영감도 맞았군……. 와리! 호랑이! 떡장수 할멈은 왜 답을 안 적었지?"

나는 고개를 푹 떨어뜨렸다. 바리공주가 날 보는 게 창피했다. 게다가 셈을 잘 못할 것 같이 보이던 혹부리 영감도 맞혔다니. 모두들 무슨 재주를 부린 건지 궁금했다.

그때 떡장수 할머니가 심청의 옆구리를 쿡 찔렀다.

"대체 어떻게 볏단을 센 것이여? 특별한 비법이라도 있는감?"

심청은 자분자분 설명했다.

"하나씩 세면 언제 다 세겠어요. 숫자가 헛갈려서 셀 수도 없어요. 제가 공양미 300석이 정말 300석이 맞는지 셀 때 썼던 방법이 있어요. 바로 묶음으로 세기!"

"묶음으로 세기? 그게 무슨 뜻이여?"

"여기 있는 볏단을 일단 5개씩 묶는 거예요. 그럼 3묶음이 되잖아요."

"그렇지! 근디 그게 어찌 되었단 말인감?"

"5개씩 3묶음이니까 5씩 3번 뛰어 세면 5→10→15예요. 그럼 볏단은 15개지요. 한 묶음씩 더해도 되는데 5+5+5니까 똑같이 15개

지요. 이렇게 묶어 세면 볏단이 아무리 많아도 금세 셀 수 있잖아요."

"옳거니! 그런 방법이 있었구먼."

떡장수 할머니가 무릎을 탁 쳤다. 나도 그제야 2개씩 묶어 놓은 바리공주의 볏단과 4개씩 묶어 놓은 혹부리 영감의 볏단이 눈에 들어왔다.

"옛다! 약속한 상이다."

도깽선생은 심청과 바리공주, 혹부리 영감에게 도깨비방망이를 하나씩 주었다.

"얼씨구절씨구! 도깨비방망이로 놀아 볼거나."

혹부리 영감이 춤을 덩실덩실 추며 노래를 시작했다. 신이 난 심청과 바리공주도 덩달아 방망이를 휘둘렀다.

"꿀 나와라, 뚝딱!"

"엽전 나와라, 뚝딱!"

그 순간 도깹선생의 눈이 번뜩! 칼날처럼 빛났다. 도깹선생은 우리를 노려보며 말했다.

"너희들은 꿀과 엽전으로 만들어 주마!"

세상에! 무시무시한 벌이 도깹선생의 도깨비방망이를 두드리며 소리친 물건이 되는 거라니!

"아이고! 살려 주세요."

나는 손이 발이 되도록 빌었다. 할머니와 호랑이도 도깹선생에게 울며불며 매달렸다.

"도깹선생님! 한 번만 더 기회를 주세요."

"너무 긴장해서 실수한 거구먼."

심청과 바리공주도 도깹선생에게 간청했다. 간절한 바리공주의 눈빛에 도깹선생도 맘이 흔들린 걸까? 한참을 듣기만 하던 도깹선생이

마침내 입을 열었다.

"좋아. 그럼 너희 셋에겐 내일 다시 문제를 내겠다. 열심히 공부해서 내일은 꼭 정답을 맞혀야 한다."

"와아, 살았다!"

"도깹선생, 고맙구먼."

할머니와 호랑이, 나는 간신히 가슴을 쓸어내렸다.
"대신 내일도 못 맞히면 정말 끝이다. 으하하하!"

집으로 돌아왔지만 잠을 잘 수 없었어. 내일도 문제를 못 맞힌다면? 으윽, 상상만으로도 끔찍해. 나는 심청이 알려 준 방법으로 이것저것을 세 보았어.

시우가 먹다 남긴 초콜릿은 5개씩 4묶음, 사탕은 4개씩 2묶음이었어. 연습을 해보니 묶어 세기에 자신감이 생기더라.

"에이, 이렇게 쉬운 걸 왜 몰랐을까? 이제 묶어 세기 문제는 다 맞힐 수 있어!"

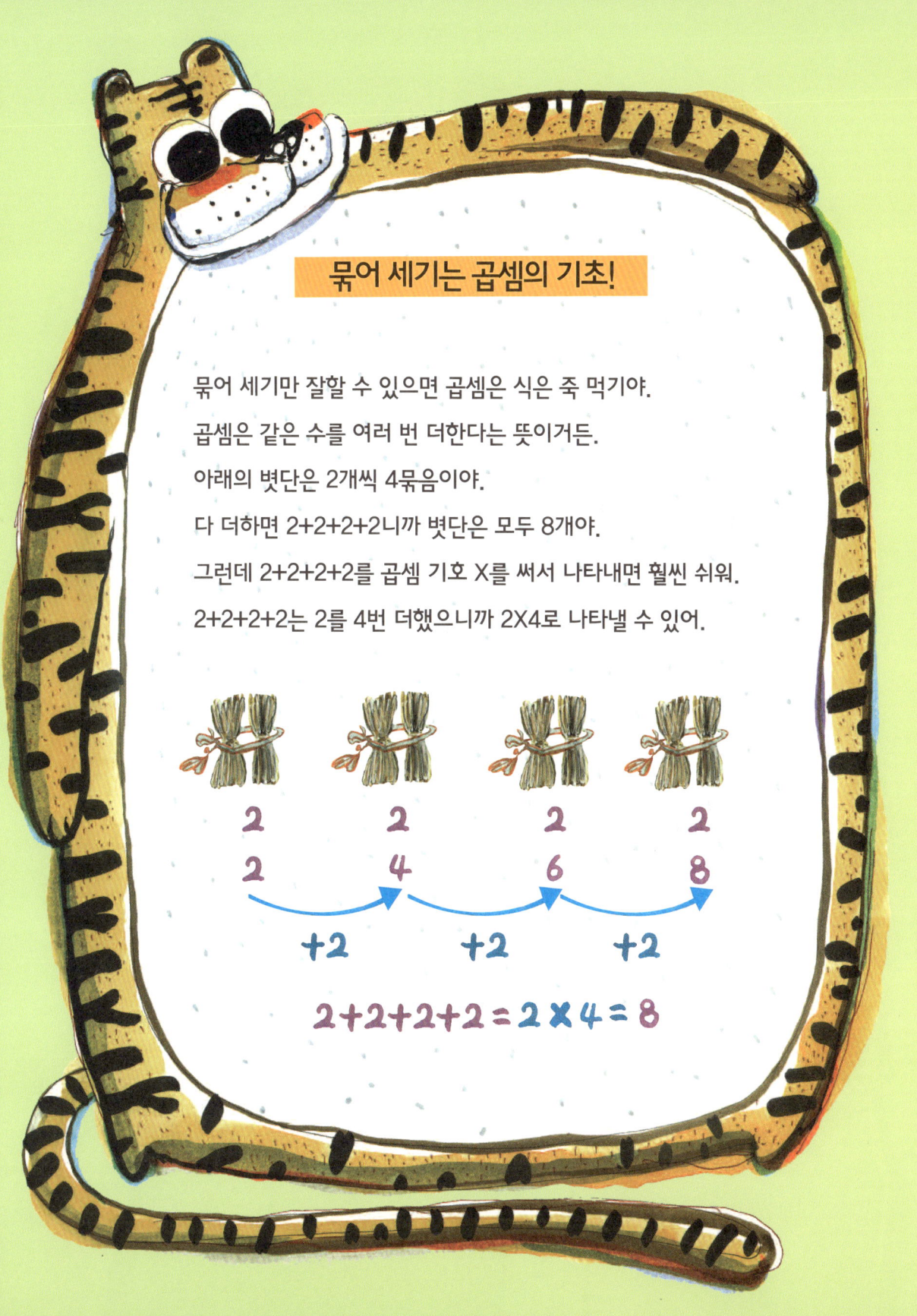

묶어 세기는 곱셈의 기초!

묶어 세기만 잘할 수 있으면 곱셈은 식은 죽 먹기야.
곱셈은 같은 수를 여러 번 더한다는 뜻이거든.
아래의 볏단은 2개씩 4묶음이야.
다 더하면 2+2+2+2니까 볏단은 모두 8개야.
그런데 2+2+2+2를 곱셈 기호 X를 써서 나타내면 훨씬 쉬워.
2+2+2+2는 2를 4번 더했으니까 2X4로 나타낼 수 있어.

$$2+2+2+2 = 2 \times 4 = 8$$

"얼씨구, 좋다! 지화자, 좋아!"

이상한 학교 마당에서는 잔치가 한창이었다. 도깨비들이 우글우글 모여 신 나게 잔치를 벌이고 있었다. 덩덩 덩기덩! 덩더쿵 따쿵! 울려대는 장구 소리에 어깨가 저절로 덩실거렸다.

"얼쑤!"

장구를 멘 혹부리 영감의 춤 솜씨는 보통이 아니었다. 장구 소리에 맞춰 당실당실 움직이는 발과 팔엔 신명이 묻어났다. 예전에도 도깨비들과 놀았던 탓인지, 혹부리 영감은 겁도 없이 잘도 어울렸다.

도깨비들은 각자 방망이를 휘두르며 잔치를 즐기고 있었다.

"떡 나와라, 뚝딱!"

"고기 나와라, 뚝딱!"

잔칫상 한쪽에는 심청과 바리공주의 모습도 보였다. 둘은 잔뜩 겁을 먹은 눈치였다.

'바리공주를 도깨비들 사이에 둘 순 없어. 당장 데려와야겠어.'

바리공주 곁으로 막 가려는 참이었다.

"네 이놈! 문제도 풀지 못한 주제에 감히 잔치에 끼려고 해?"

천둥 같은 소리에 뒤를 돌아보니, 도깹선생이 눈을 부리부리 굴리며 서 있었다. 잔칫상을 보면서 군침을 흘리는 호랑이도 보였다.

"너희는 어서 교실로 들어가!"

도깹선생이 다시 고함을 쳤다.

"잔치가 뭐 저래요? 도깨비들만 우글거리잖아요."

"그러니까 '도깨비방망이 잔치'지. 잔치는 이제 시작에 불과해. 절정은 바로 '죽음의 변신 잔치'거든."

"죽음의 변신 잔치? 그건 또 뭔데요?"

"뭐긴 뭐야! 문제를 틀린 놈들을 엽전꾸러미와 꿀항아리로 만드는 잔치지."

"캑! 캑!"

마른 침이 목구멍에 탁 걸렸다. 울상이 된 호랑이가 나를 교실로 잡아끌었다.

떡장수 할머니는 먼저 교실에 와 있었다. 얼굴이 누렇게 뜬 걸로 봐서 할머니도 밤잠을 설친 게 분명했다.

"오늘도 문제를 못 맞히면 어쩌지?"

호랑이가 꼬리를 툭 떨구며 말했다.

"걱정 말어! 나만 믿으랑께."

할머니는 벌겋게 충혈된 눈을 부릅뜨며 큰소리를 탕탕 쳤다. 나도 오늘만은 문제를 꼭 맞혀야 한다. 엽전꾸러미가 되는 것도 싫지만, 바리공주를 도깨비 소굴에서 구해야 하기 때문이다.

하지만 호랑이 녀석은 쭈뼛쭈뼛하며 자신 없는 표정을 지었다. 오늘 호랑이는 꿀항아리가 될 게 뻔하다. 꿀이 된 호랑이를 상상하니 웃음이 터지려고 했다. 입가로 터져 나오는 웃음을 간신히 틀어막았다.

"도깹선생이 어제보다 더 어려운 문

제를 낼 것이여. 긍께 마음의 준비를 단단히 혀. 뭐 나야 자신 있지만 말이여."

할머니가 치맛자락을 툭툭 털며 말했다.

"저도요! 저도 자신 있어요!"

할머니의 말에 나도 냉큼 대답했다.

"슬슬 문제나 내 볼까."

도깹선생이 방망이를 빙빙 돌리며 교실로 들어섰다. 호랑이는 산만한 몸을 잔뜩 웅크렸다. 막상 도깹선생을 보자, 할머니도 긴장한 듯 치맛자락만 손가락으로 배배 틀어쥐었다. 내 머릿속은 복잡해졌다.

'볏단 6개씩 2묶음이 몇 개냐고 물을까? 아니야. 더 어렵게 낼지도 몰라. 8개씩 7묶음?'

우리를 유심히 보던 도깹선생이 히죽 웃으며 말했다.

"그럼 오늘의 문제를 말하지. 2의 5배는 몇이냐?"

순간 머릿속이 하얘졌다. 묶음 세기 문제는 어디로 가고 난데없이 2의 5배가 몇이냐니! 간신히 묶어서 세는 법을 익혔더니, 영판 다른 문제가 나온 것이다.

"한 시간 후에 돌아올 테니 그때까지 답을 알아 내라. 난 그동안 잔치나 구경할까? 어흠!"

도깹선생은 방망이를 두어 번 휘휘 내젓고는 교실을 나갔다.

"무슨 문제가 이래?"

호랑이는 바닥에 털썩 주저앉았다. 나도 생각지도 못한 문제 때문에 힘이 쏙 빠졌다.

"꼬르륵! 꼬륵!"

슬퍼 보이는 호랑이 뱃속에서 요란한 소리가 났다.

"헤헤, 잔치 음식을 얻어먹으려고 했는데 도깹선생이 손도 못 대게 했어요."

"그려? 그럼 셈이고 뭐고 뱃속부터 해결허자. 금강산도 식후경이라잖여."

떡장수 할머니가 교실 한 귀퉁이에 두었던 소쿠리를 들고 왔다.

"어제 팔다가 남은 꿀떡이여. 이거라도 먹으며 생각을 해보는겨."

소쿠리에서 솔솔 올라오는 떡 냄새는 정말 고소하고 달콤했다. 분홍, 초록, 하얀색의 떡은 보기만 해도 군침이 돌았다.

"히야! 할머니 떡 진짜 맛있어요. 곶감만큼 맛있어요."

호랑이가 한입에 떡을 열 개나 꿀꺽 삼키며 말했다. 이러다가는 호

랑이가 소쿠리째 다 삼켜버릴 듯 보였다.
 "호랭이 너를 보니, 옛날 일이 생각나네 그려. 10년 전쯤, 떡을 팔고 집으로 돌아가는디 깊은 산속에서 호랭이를 만난겨. 호랭이한테

잡아먹힐까 봐 내가 먼저 셈 시합을 하자고 선수를 쳤제."

"셈 시합이요?"

"그려. 호랭이가 이기면 내 떡을 다 주고, 내가 이기면 호랭이 가죽을 벗어 두고 가라고 혔제. 날씨도 더운데 털가죽이 얼마나 덥겄냐고 혔더니, 이 맹한 호랭이가 깜빡 속더구먼."

"푸하하! 그래서 어떻게 됐어요?"

"당연히 내가 이겼제. 내가 떡 맛보다 자신 있는 게 셈이라니께."

할머니는 굽었던 허리를 쭉 펴며 큰소리를 떵떵 쳤다. 그런데 떡을 냠냠 맛있게 먹던 호랑이가 떡을 툭 떨궜다.

"호랭아, 왜 그러냐? 너한텐 그런 장난 안 할 테니 걱정 말어."

"그, 그게 아니고, 그분이 우리 아빠예요. 셈 시합에 지는 바람에 털가죽을 빼앗겨 겨울이면 유난히 추위를 타세요. 셈 시합에서 진 것이 한이 된다며 저에게 꼭 셈을 배우라고 하셨어요. 그때

의 한을 두 배로 복수해 주자며……."

"뭐? 두 배로 복수혀?"

"예. 그땐 저도 아버지도 화가 나서……. 억울한 기분에 꼭 두 배로 갚아 주자고 한 거죠. 지금은 다 잊었어요."

갑자기 할머니가 꿀떡 소쿠리를 번쩍 들며 소리쳤다.

"그려! '배'는 그만큼 곱하라는 뜻이여! 두 배는 2를 곱하고 세 배는 3을 곱하라는 뜻이여. 그러니까 2의 5배는 2에 5를 곱하라는 뜻이제."

"아하!"

할머니의 말이 제법 그럴듯했다.

"여기 이 떡은 2개씩 5묶음이니께, 2+2+2+2+2고 이건 2×5 니께 10이구먼. 그러니까 2의 5배는 10이잖여."

"그러니까 도깹선생이 낸 문제의 답도 10이네요."

"그려. 호랭이 니가 맞혔구먼."

엉겁결이었지만 호랑이가 답을 맞혔다고 생각하니 맘이 상했다.

'내가 호랑이보다도 셈이 느리다는 거야?'

하지만 지금은 그걸 따질 때가 아니었다. 빨리 문제를 풀고 잔치에 가서 바리공주를 구해야 하니까 말이다. 곧 바리공주를 만날 생각을

하니 기분이 좀 풀렸다. 나는 떡이라도 주듯 호랑이에게 문제를 툭 던졌다.

"그럼 3의 2배는?"

호랑이는 신이 나서 넙죽 대답했다.

"3의 2배는 꿀떡이 3개씩 2덩이 있는 거니까 3+3=3×2=6개!"

"옳거니!"

이번엔 할머니가 내게 문제를 냈다.

"그럼 4의 3배는 얼만겨?"

"꿀떡이 4개씩 3덩이니까 4+4+4=4×3=12개예요."

"옳거니!"

할머니의 꿀떡 셈법은 제법 재미도 있었다. 문제와 답을 주거니 받거니, 한참 흥이 오르는 참인데, 드르륵 문이 열리며 도깨선생이 나타났다.

"자, 시간이 다 지났다. 뭘로 만들어 주랴? 엽전꾸러미로 만들어 주랴, 꿀항아리로 만들어 주랴?"

도깨선생이 잔뜩 인상을 쓰며 빈정거렸지만, 우리는 기죽지 않았다. 모두 입을 맞춰 꽥 소리를 지르듯 외쳤다.

"2의 5배는 10이지요!"

순간 도깹선생의 표정이 돌처럼 굳었다. 괜스레 헛기침을 하고, 엄한 뿔만 쓱쓱 긁어대는 걸로 봐서 당황한 것이 틀림없었다. 도깹선생은 쌩하니 교실을 나가며 말했다.

"용케 맞혔구나! 하지만 이번엔 맛보기 문제였다. 내일은 두 번째 문제를 내지. 네 번째 문제까지 맞혀야 통과다."

도깹선생의 말에 가슴이 철렁했다.

"그런 법이 어딨어요? 다른 사람들은 한 문제만 풀고도 잔치에 갔는데, 왜 우리는 네 문제나 맞혀야 해요? 불공평하잖아요."

나는 도깹선생의 뒤통수에 대고 고래고래 소리를 질렀다.

"벌은 4배로 준다! 이게 내가 만든 법칙이니까 그렇지."

"만약 내일 문제를 틀리면, 그 다음엔 4문제의 4배니까 16문제를 맞혀야 되나요?"

내가 하얗게 질린 얼굴로 묻자, 도깹선생이 돌아보며 소리쳤다.

"걱정 마라. 16문제를 풀 일은 없을 테니. 내일 틀리면 바로 엽전이 될 거니까. 낄낄낄낄!"

도깹선생은 소름 끼치는 웃음소리를 남기고 사라졌다.

"다시 힘을 내야 혀. 엽전이 될 수는 없잖여. 좀 전에 알아 낸 셈법을 다시 한번 정리해 보는겨."

떡장수 할머니가 불끈 주먹을 쥐며 일어섰다. 할머니는 떡 소쿠리를 끌어당기며 셈을 하기 시작했다.

오늘 우리는 문제를 멋지게 해결했지만 아직 세 문제나 더 맞혀야 한다는 부담감에 남아서 셈 연습을 했어. 그러다 금세 주변이 어둑어둑해졌지.

나는 호랑이와 할머니에게 인사도 하는 둥 마는 둥 하고 집을 향해 달렸어. '밤늦게까지 어딜 쏘다니다가 오는 거야?' 하며 시우는 잔소리를 늘어놓겠지?

하지만 오늘은 시우의 잔소리조차 반가울 것 같아. 엽전꾸러미가 된다면, 시우의 잔소리도 더 이상 들을 수 없을 테니까 말이야.

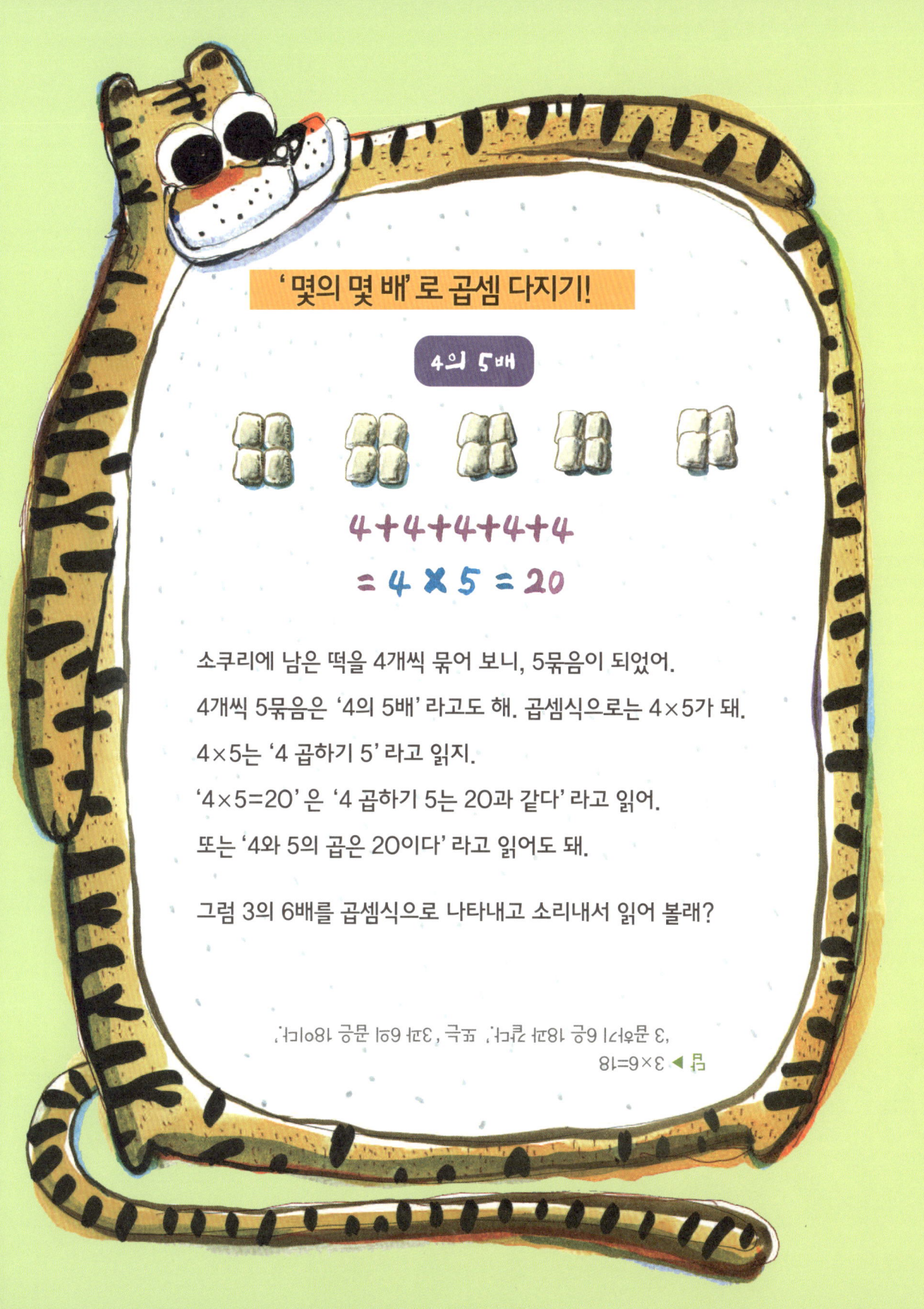

'몇의 몇 배'로 곱셈 다지기!

4의 5배

$4+4+4+4+4$
$= 4 \times 5 = 20$

소쿠리에 남은 떡을 4개씩 묶어 보니, 5묶음이 되었어.

4개씩 5묶음은 '4의 5배'라고도 해. 곱셈식으로는 4×5가 돼.

4×5는 '4 곱하기 5'라고 읽지.

'4×5=20'은 '4 곱하기 5는 20과 같다'라고 읽어.

또는 '4와 5의 곱은 20이다'라고 읽어도 돼.

그럼 3의 6배를 곱셈식으로 나타내고 소리내서 읽어 볼래?

답 ▶ 3×6=18
3 곱하기 6은 18과 같다. 또는, 3과 6의 곱은 18이다.

이야기 셋

버선을 세면 구구단이 보인다?

📖 곱셈구구

오늘은 도깹선생이 우리를 산속으로 이끌었다. '나무꾼 문제'는 꼭 산에서 풀어야 된다나.

"원, 세상에! 이젠 산까지 가자는겨? 에구, 다리 아파 죽겠구먼."

떡장수 할머니는 도깹선생을 하얗게 흘겨보며 투덜거렸다. 답답한 교실을 벗어나는 건 좋았지만, 문제를 풀러 간다고 생각하니 나도 짜증이 났다.

하지만 호랑이는 신이 난 눈치였다. 잔뜩 겁에 질려 벌벌거리던 모습이 아니었다. 호랑이는 도깹선생 앞을 훌쩍 지나더니 펄쩍펄쩍 달려갔다.

"오메, 날아가는 것 같구먼. 호랭이는 본디 산속의 임금이라더니만, 참말로 빠르네잉."

허위허위 아픈 다리를 끌던 할머니가 호랑이를 보며 감탄했다.

'쳇! 달리기만 잘하면 뭐해? 먹보에 울보인데!'

멀어지는 호랑이를 보며 내가 입을 삐죽거릴 때였다. 도깹선생이 갑자기 호랑이를 쫓아 달리기 시작했다.

"거 참! 옛말 틀린 게 하나도 없구먼. 도깨비는 내기를 좋아한다더니, 호랭이와 달리기 시합이라도 할 모양이구먼."

도깹선생은 앞서 가는 호랑이를 뒤쫓으며 고함을 쳤다.

"호랑이, 이놈! 내가 널 붙잡으면 당장 곶감으로 만들어 버릴 테다!"

도깹선생은 잔뜩 약이 올라 으름장을 놓았다.

"호랭아, 어서 달려부러! 도깹선생헌테 지면 곶감 된다니께!"

할머니의 말에 호랑이는 더 빨리 달렸다. 도깹선생과 호랑이의 거리는 좀처럼 좁혀지지 않았다.

얼마나 달렸을까? 악을 쓰며 뒤쫓던 도깹선생은 지친 듯 소리쳤다.

"호랑아! 그만 멈춰라."

그제야 호랑이는 흠칫 뜀박질을 멈췄다. 그리고 토끼마냥 폴짝폴짝 뛰었다.

"우와! 내가 이겼다!"

"그려, 호랭이가 이겼구먼. 내기는 내기니께, 도깹선생은 패배를 깨끗이 인정해야겠어."

하지만 도깹선생은 얼굴이 붉으락푸르락 달아오르더니 머리끝까지 화가 난 듯했다.

"너희들은 내기를 하러 온 게 아니라, 문제를 풀러 온 거다. 어디 두고 봐라. 최고로 어려운 문제를 낼 테니!"

도깹선생의 호통 소리가 산등성이를 쩌렁쩌렁 울렸다.

'눈치도 없는 할머니! 괜스레 도깹선생의 성질만 건드렸지 뭐야. 호랑이 녀석도 바보라니까. 슬쩍 져 주면 기분이 좋아진 도깹선생이 쉬운 문제를 낼 텐데……'

호랑이와 할머니 때문에 나까지 곤혹을 치르게 생겼다.

"도깹선생! 내기는 내기고 문제는 문제잖여. 내기에 졌다고 문제까지 어렵게 내면 어쩌누. 기분 풀고 좀 쉬운 문제로 내 주시오 잉."

그제야 분위기를 파악한 할머니가 도깹선생을 달래려고 애썼지만 소용없었다.

"나무꾼 나와라, 뚝딱!"

도깹선생이 도깨비방망이를 휘두르자, 눈앞에 영화 같은 장면이 펼쳐졌다. 숲 가운데에 열심히 도끼질을 하는 나무꾼이 나타난 것이다.

"나무꾼의 도끼를 봐라. 너희들은 구경도 못해 봤을 도끼니까."

도깹선생의 말에 눈치 없는 할머니가 또 대거리를 했다.

"도끼가 다 같은 도끼지, 뭐 다를라고. 금이라도 발렸남?"

그런데 도끼를 본 할머니는 화들짝 놀라고 말았다.

"흐미! 진짜로 금도끼구먼!"

"저 나무꾼은 어제 신령님을 만났다. 저건 신령님한테서 받은 금도끼지."

도깹선생의 말에 이번엔 호랑이가 대꾸를 했다.

"착하고 정직한 나무꾼이 신령님께 특별한 도끼를 선물로 받았다는 소문이 진짜였네."

"근디 금도끼가 셈 문제와 뭔 상관이여?"

"잘 보아라. 나무꾼은 양손에 도끼를 들었다. 하나는 금도끼고 또 하나는 은도끼지."

가만 보니 나무꾼의 다른 손엔 은도끼도 들려 있었다.

"나무꾼은 금도끼와 은도끼를 한꺼번에 사용한다. 한 번 도끼질을

할 때마다 나뭇가지를 두 개씩 자를 수 있지."

도깨선생의 말이 맞았다. 나무꾼이 금도끼 은도끼를 내리칠 때마다 나뭇가지가 두 개씩 툭툭 잘렸다.

"오늘 문제는 나무꾼이 잘라 낸 나뭇가지 수를 바로바로 맞히는 거다."

"바로바로 맞힌다는 게 무슨 뜻인가요?"

내가 의아한 표정으로 묻자, 도깨선생이 성큼 다가오더니 얼굴을 바싹 갖다 대며 말했다.

"나무꾼이 도끼질을 4번 하면 나뭇가지는 몇 개?"

"그, 그건…… 그러니까……."

찬찬히 세어 보기만 하면 쉽게 맞힐 수 있는 문제인데도 갑자기 물으니까 생각이 잘 나지 않았다. 그러자 도깨선생은 나뭇가지를 집어 들며 말했다.

"나는 30분 후에 돌아오겠다. 지금처럼 문제를 냈을 때, 바로 답을 말하지 못하면 나뭇가지로 만들어 주지. 오늘은 장작이 많이 생기겠군. 잔치에서 불놀이나 할까. 낄낄낄!"

도깨선생은 능글맞은 웃음을 흘리며 유유히 사라졌다. 그 순간, 나무꾼도 바람처럼 사라졌다.

"에구! 이 일을 어쩌누? 저렇게 빨리, 당장, 냉큼 답을 하라니! 에구, 에구!"

할머니가 탄식을 늘어놓았다. 그 순간 내 머릿속에서 엉켰던 셈의 답이 떠올랐다.

"아하! 나뭇가지는 8개야! 한 번 도끼질에 나뭇가지를 2개씩 얻는다고 했어. 그러니까 도끼질을 4번 하면 2+2+2+2니까 답은 8개였어!"

할머니도 고개를 끄덕였다.

"그걸 곱셈식으로 바꾸면 2×4가 되고, 역시 답은 8이구먼."

그런데 문제는 호랑이였다. 할머니와 내가 하는 말을 통 알아듣지 못한 호랑이가 울상을 지었다.

"도대체 무슨 소리를 하는 거야? 난 그렇게 빨리 계산할 수 없어. 나만 나뭇가지가 되고 말 거야. 엉엉!"

호랑이는 또 울음을 터트렸다.

사실 나도 안심할 입장은 아니었다. 시간을 두고 계산하면 충분히 맞힐 수 있겠지만, 바로바로 답을 말해야 한다면 머뭇거리다가 시간을 다 보낼 게 뻔했다.

'어쩌지? 바리공주를 구하기는커녕 나뭇가지가 되어 바리공주가

보는 앞에서 타 버리고 말 거야.'

나도 호랑이를 따라 울고 싶은 심정이었다. 그런데 할머니가 치맛자락으로 호랑이 눈물을 닦아 주며 말했다.

"호랭아, 울지 말어. 어려울 것 없응께 말이여. 내가 누구여! 떡장수 50년에 셈이라면 박사가 됐단 말이지. 자, 내 말을 찬찬히 들어보드라고."

할머니는 버선을 홀랑 벗더니 호랑이 앞에 쑥 내밀었다.

"요 버선을 나뭇가지라고 생각하는겨. 도끼질 한 번에 나뭇가지를 2개씩 얻는다고 했잖여. 그 나뭇가지가 바로 버선 2짝이라고 생각혀 봐."

호랑이가 의아한 표정을 짓자, 할머니는 호랑이 곁으로 바싹 다가서며 말했다.

"버선 한 켤레는 모두 몇 짝인감?"

"그야 2짝이지요."

"그럼 버선 2켤레는 또 몇 짝인감?"

"그거야, 음…… 2짝씩 2켤레니까 4짝이지요."

"히야! 잘하는구먼. 그럼 이번엔 그걸 곱셈식으로 해보는겨. 버선 3켤레는 곱셈식으로 2×3이여. 그럼 2×3은 뭣인감?"

호랑이는 한참 고개를 갸웃갸웃했다. 발가락까지 동원해서 한참을 계산한 후에야 호랑이가 소리쳤다.

"에……, 음……, 바로…… 6개예요!"

아이쿠! 거북보다 더 느린 호랑이의 셈 실력이라니!

"할머니, 호랑이에겐 셈을 가르치나 마나예요. 우물쭈물하다 시간을 다 보낼 게 뻔해요. 할머니나 연습하는 게 나을걸요."

내 말에 호랑이는 다시 울음을 터트리고 말았다.

"엉엉! 역시 어려워. 나뭇가지 되기 싫어."

그러자 할머니는 다시 호랑이의 눈물을 닦아 주며 말했다.

"아니여. 무슨 수를 써서라도 너도 답을 맞히게 해 줄 것이여."

할머니가 왜 그렇게 열심히 호랑이를 가르치는지 이상했다.

"사실 말이여, 네 아비 가죽을 홀랑 벗긴 일이 늘 마음에 걸렸구면. 나야 그 가죽을 팔아서 그해 겨울을 따뜻하게 지냈지만, 네 아비는 겨울 내내 얼마나 추웠겠어. 그 생각만 하면 맘이 짠혀. 그래서 지금이라도 그 값을 하려는 것이제. 오늘 호랭이를 도와서 그 빚을 갚을 것이여."

할머니가 셈 느림보 호랑이에게 곱셈을 가르치려는 이유를 알 것 같았다.

"호랭아, 다시 해보자꾸나. 버선이 4켤레면 몇 짝인감?"

"음…… 음……, 2 곱하기 4니까…… 8이네요. 맞죠?"

"옳거니! 잘했다. 그럼 이번엔……."

그런데 할머니와 호랑이의 대화를 듣고 있자니, 문득 떠오르는 게 있었다.

"할머니! 지금 계산에는 일정한 규칙이 있는 것 같아요."

"규칙이라니?"

"보세요. 2×1은 2, 2×2는 4, 2×3은 6."

"아하! 그러니까 2씩 늘어나고 있구먼!"

"그렇죠! 그러니까 2×4는?"

"8이여! 그럼 2×5는?"

"10이죠! 2×6은 또 2가 늘어서 12구요."

이번엔 호랑이까지 나섰다.

"히야! 그럼 2×7은 또 2가 늘어서 14겠네."

"옳거니! 호랭이도 규칙을 깨달았구먼. 그럼 2×8은 뭣이여?"

"그야 16이지요. 어라? 곱셈이 이렇게 쉬울 줄이야. 이젠 뭐든 맞힐 수 있어. 2×9는 18. 난 이제 곱셈 박사야!"

기가 막혔다. 2씩 늘어나는 규칙은 내가 알아 냈는데, 한껏 잘난 척을 하는 호랑이를 보니 털과 꼬리가 바싹 서는 느낌이었다.

"뭐, 곱셈 박사? 그럼 다른 곱셈도 답해 보시지. 5×1은 5잖아. 그럼 5×2는 뭐지?"

내 말에 호랑이는 다시 기가 푹 꺾였다.

"5×2라고? 음…… 그러니까 5×1은 5니까, 5×2는……."

호랑이는 다시 발가락 셈을 하기 시작했다. 저래서야 언제 답을 맞히려는지!

"호랭아, 2로 시작하는 곱셈은 2씩 늘었으니까, 5로 시작하는 곱셈은 5씩 늘어나제. 그러니께 5×2는 10이 되는 것이여. 아까 와리가 규칙이 있다고 말했잖여."

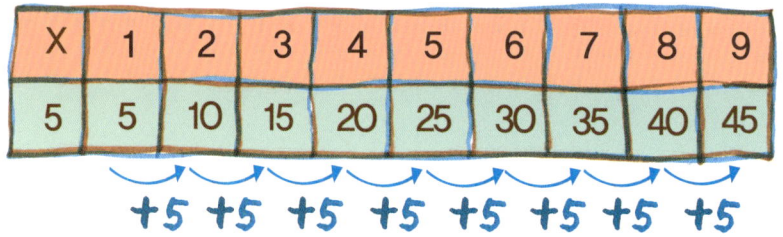

할머니도 고개를 절레절레 흔들며 말했다. 그런데 그 순간 호랑이의 입에서 뜻밖의 말이 나왔다.

"할머니, 아예 곱셈의 답을 외워 버리면 되잖아요. 그럼 도깹선생의 문제도 바로바로 맞힐 수 있어요."

나는 귀를 쫑긋 세웠다. 할머니도 손뼉까지 치며 소리쳤다.

"그렇구먼! 왜 진작 그 생각을 못 했을고? 와리야, 호랭아, 이제 걱정 없구먼. 2로 시작하는 곱셈의 답을 다 외워 버리는겨. 자, 시작!"

"2×1은 2, 2×2는 4, 2×3은 6,······."

우리는 금세 2×1부터 2×9까지 다 외웠다. 때를 맞춰 도깹선생도 돌아왔다.

"자, 준비는 됐겠지? 내가 문제를 내면, 지체 말고 답을 말하는 거다. 할멈부터 말해 봐. 나무꾼이 도끼질을 5번 했다면 나뭇가지는 몇 개지?"

"나뭇가지가 2개씩 5번 늘었으니까 2×5고, 2×5는 10이제."

할머니는 기다렸다는 듯이 답을 했다. 도깹선생의 얼굴에 당황한 빛이 역력했다.

"흡! 그럼 이번엔 와리! 나무꾼이 도끼질을 6번 했다면?"

"2×6이니까 12지요."

"흡흡! 마지막으로 호랑이가 말해 봐라. 나무꾼이 도끼질을 7번 했다면?"

도깹선생의 눈빛이 빛났다. '설마, 호랑이 너까지 맞히는 건 아니겠지?' 하고 기대하는 눈치였다.

"2×7은 14예요!"

결국 도깹선생의 얼굴은 못생기게 일그러졌다. 한참이나 심통 맞게 두 볼을 실룩거리더니 갑자기 손뼉을 치며 물었다.

"그럼 2×0은 뭐냐? 지금 답할 수 있는 놈이 있다면 내가 곶감이 되지!"

한참 신 나게 대답하던 우리는 모두 꿀 먹은 벙어리가 되었다.

"내일까지 2×0의 답을 알아 오너라. 만약 한 명도 못 맞히면 모두 곶감으로 만들어 버릴 테다!"

집으로 돌아와 보니, 시우는 수학 공부를 하고 있었어. 다음 주에 수학경시대회가 있다나.

"와리! 오랜만에 같이 놀고 싶지만 내가 구구단을 외워야 해서 말이야. 이삼은 육! 이사 팔! 이오 십! ……."

시우가 또 난데없이 이상한 셈을 외워댔어! 그런데 문득 귀가 번쩍 뜨이는 거야.

'이삼은 육이고, 이사는 팔이라고? 2×3은 6이란 소리고, 2×4는 8이란 소리네. 히야! 시우가 하는 소리를 이제야 알겠다!'

시우가 주절거리던 구구단이 우리가 외우던 곱셈이라는 것이 신기했어. 그렇지만 시우의 말을 아무리 자세히 들어봐도 2×0의 답이 뭔지는 나오지 않았어.

으휴……. 내일 문제는 또 어떻게 풀지?

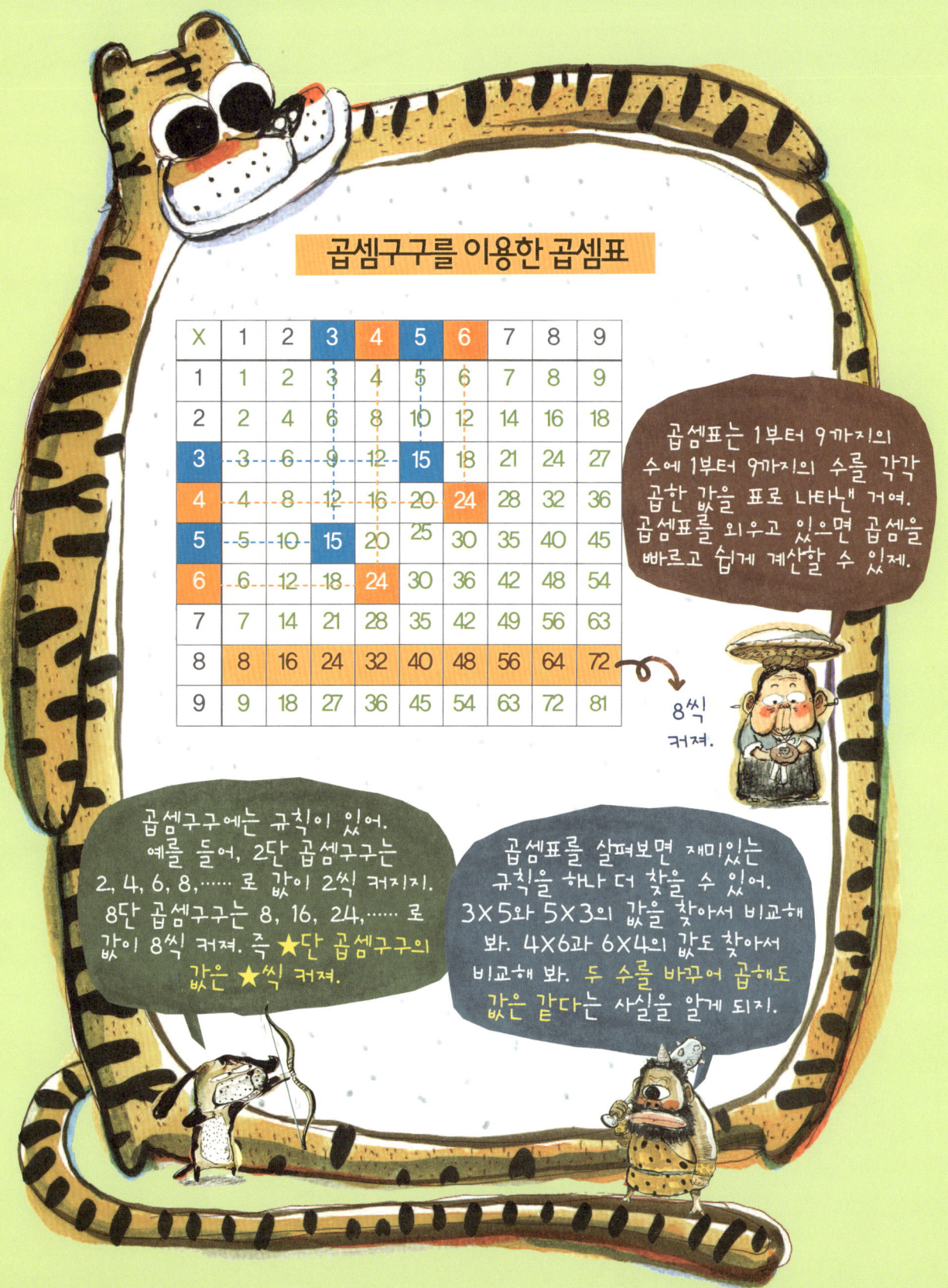

이야기 넷

과녁을 못 맞힌 호랑이가 답이야

📖 곱셈구구

"으악! 늦었다!"

밤새 곱셈구구를 외운 탓에 늦잠을 자 버렸다. 눈곱만 겨우 떼고 헐레벌떡 이상한 학교를 향해 달렸다.

"와리야!"

운동장에 막 들어서는 참에 심청이 나를 불렀다.

"오늘이 세 번째 문제 푸는 날이지? 교실까지 가는 동안 같이 셈 연습하자."

조금이라도 도와 주려는 심청의 마음이 고마웠다.

"심청아, 혹시 2×0이 얼만지 알아?"

혹시나 하는 마음에 심청에게 도깹선생이 낸 문제를 물었다. 하지만 심청이도 고개만 갸웃갸웃했다.

"글쎄……. 잘 모르겠는데. 하지만 1단 곱셈구구는 알아."

"1단 곱셈구구?"

"응. 어제 내가 도깨비방망이를 두드리며 소리쳤거든. '쌀가마니 나와라, 뚝딱!' 하고 말이야. 그랬더니 쌀가마니 하나가 하늘에서 뚝 떨어지는 거야."

"히야! 정말? 그래서?"

"그래서 또 한 번 소리쳤지. 쌀가마니 나와라, 뚝딱!"

"그럼 또 쌀가마니 하나가 떨어졌겠네."

"물론이지. 도깨비방망이를 한 번 두드릴 때마다 쌀가마니가 하나씩 떨어지니까, 두드리는 수만큼 쌀가마니가 생기지 뭐야."

"근데 그게 1단 곱셈구구랑 무슨 상관인데?"

"잘 생각해 봐. 내가 도깨비방망이를 한 번 두드릴 때마다 쌀가마니도 하나씩 떨어지니까, 도깨비방망이를 2번 두드리면 쌀가마니는?"

"아하! 그럼 1×2가 되니까 쌀가마니는 2개가 되는 거네."

"맞아! 그러니까 도깨비방망이를 3번 두드리면?"

"1×3이니까, 쌀가마니는 3개!"

"4번 두드리면 1×4니까 4, 1×5는 5, 1×6은 6, 1×7은 7이야."

"다음은 내가 해볼게. 1×8은 8이고 1×9는 9야. 1에 어떤 수를 곱하면 항상 어떤 수 자신이 되는구나!"

1단 곱셈구구

×	1	2	3	4	5	6	7	8	9
1	1	2	3	4	5	6	7	8	9

"와리 너, 셈 실력이 많이 늘었구나. 꼭 2×0의 답도 찾아 낼 수 있을 거야."

심청은 내 등을 토닥이더니 발걸음을 돌렸다.

"난 여기서 잔치 마당으로 갈게. 오늘은 씨름 놀이를 벌이거든."

"씨름?"

"응. 도깨비들은 씨름 내기를 아주 좋아한대. 그래서 혹부리 영감과 도깨비가 씨름을 하기로 했어. 바리공주와 난 혹부리 영감을 응원할 거야."

바리공주 얘기에 두 귀가 쫑긋 섰다.

"바리공주는 어떻게 지내? 도깨비들이 괴롭히지는 않고? 만약 그럼 내게 알려 줘. 당장 달려가서 도깨비들을 혼내 줄 테니까."

하지만 심청은 빙긋 웃으며 말했다.

"걱정 마. 잘 있으니까. 처음엔 나도 도깨비들이 무서웠는데, 이젠 안 그래. 친해지니까 오히려 재밌더라고. 바리공주도 도깨비들하고 잘 지내."

다행이었다. 도깨비들이 재밌다는 말은 이해가 되지 않았지만.

'빨리 마지막 문제를 맞히고 나도 잔치에 가야지. 바리공주와 즐겁게 놀 거야.'

"지각까지 하다니! 문제에 자신이 있나 보군."

교실에 들어서자, 도깹선생의 목소리부터 짜랑짜랑 들렸다. 순간 소름이 오소소 돋았다. 나는 떡장수 할머니 곁으로 냉큼 달려가 옆구리를 쿡 찌르며 속삭였다.

"할머니, 2×0의 답은 알아 냈어요?"

"그럴 리가 있남. 이제 꼼짝없이 죽은 목숨이여."

할머니가 평소와 다르게 고개를 푹 떨구었다. 혹시나 싶어서 호랑이를 보니, 더욱 가관이었다. 꼬리는 축 늘어뜨린 채, 네 다리를 덜덜 떠는 꼴이라니!

그 순간 머릿속에 기찬 생각이 떠올랐다.

"힌트를 걸고 씨름을 하는 건 어때요? 만약 도깹선생님이 지면 우리에게 힌트를 주는 거예요."

내 말에 도깹선생의 눈이 반짝 빛났다. 도깨비들은 씨름 내기를 좋아한다던 심청의 말이 맞았다.
 "나를 이기겠다고? 어림없는 소리! 대신 너희가 지면 바로 곶감으로 만들어서 먹어 버릴 테다! 자, 누가 나를 상대할 테냐?"

도깹선생은 당장이라도 달려들 기세였다. 할머니와 나는 약속이라도 한 듯 호랑이를 쳐다보았다.

"호랑이 네 덩치와 힘이라면 도깹선생을 충분히 이길 수 있어. 우린 널 믿어."

"그려, 네 조상들은 동물의 왕으로 불렸잖여. 힘으로 호랑이를 당

할 동물은 세상에 없었기 때문이여. 넌 이미 달리기로 도깹선생을 보기 좋게 이겼잖여."

할머니의 말엔 호랑이도 힘이 나는 눈치였다.

"맞아. 달리기도 이겼는데 씨름이라고 못 이길까."

호랑이가 꼬리를 바싹 세우며 일어나자, 도깹선생도 잔뜩 힘을 주며 자세를 취했다.

"자, 그럼 도깹선생과 호랭이의 씨름 내기를 시작혀요. 준비들 하시고……."

호랑이와 도깹선생이 상대의 허리춤을 바싹 거머쥐었다.

"시작이구먼!"

드디어 씨름 시합이 시작되었다. 도깹선생의 씨름 기술은 보통이 아니었다. 바깥다리 걸기, 밭다리 후리기, 안다리 걸기 등 현란한 기술들이 펼쳐졌다. 하지만 호랑이도 쉽게 넘어가지 않았다. 워낙 덩치가 크다 보니 도깹선생의 기술이 잘 통하지 않았다. 호랑이는 아슬아슬하게 비칠거리면서도 용케 버텼다.

"아이고! 씨름도 끝나기 전에 애간장이 녹아 죽겠구먼!"

할머니와 나는 입술이 바싹바싹 탈 지경이었다. 도깹선생이 안다리 걸기로 공격해 올 땐, 이젠 끝이구나 싶었다. 그런데 기적 같은 일이 벌어졌다! 호랑이가 도깹선생을 훌쩍 잡아 올리더니 바닥으로 냅다 팽개친 것이다!

"아이쿠! 허리야!"

도깹선생은 비명을 지르며 바닥에 굴렀다.

"우와! 이겼다!"

"호랭아, 잘했다. 장하구먼! 도깹선생, 아프겠지만 약속은 지켜야제."

"으으……, 모두들 뒷마당으로 모여라. 거기 문제의 힌트가 있다."

뒷마당에 닿으니, 달콤한 곶감 냄새가 솔솔 풍겼다. 거대한 광주리 속에 발갛게 잘 말려진 곶감이 그득했다. 곶감을 보자마자 가슴이 철렁했다.

'저 곶감들도 도깹선생이 낸 문제를 못 맞혀서 변한 녀석들일까? 너무 끔찍해.'

하지만 호랑이는 당장이라도 달려들 듯 군침을 질질 흘렸다.

도깹선생은 그런 호랑이를 보며 음흉한 웃음을 흘렸다.

"먹고 싶으냐? 그럼 저 과녁을 화살로 맞혀라. 가운데를 맞히면 2점, 두 번째 칸을 맞히면 1점. 하지만 못 맞히면 0점이다. 맞힌 점수대로 곶감을 주마."

신이 난 호랑이는 곧장 활시위를 당겼다. 씨름에서 이기더니 자신감이 넘치는 모양이었다. 슈웅~ 바람을 뚫고 날아가는 화살!

하지만 호랑이가 쏜 화살은 보기 좋게 바닥에 떨어졌다. 호랑이는 씩씩 숨을 몰아쉬며 다시 활시위를 당겼다.

"두고 봐. 꼭 맞히고 말 거야."

하지만 이번에도 호랑이가 쏜 화살은 땅으로 내리꽂혔다.

"엉엉! 곶감 먹고 싶어! 곶감, 곶감!"

"울지 말어. 내가 곶감을 따면 몽땅 줄 테니께 울지 말어잉."

할머니는 제법 그럴듯한 자세로 활시위를 당겼다. 그러나 할머니의 화살은 아예 과녁 근처에도 가지 못하고 힘없이 떨어졌다.

"이리 주세요."

내가 나설 차례였다. 나는 온 정신을 집중하고 힘껏 활시위를 당겼다. 연거푸 다섯 번이나 화살을 쐈지만 결과는 마찬가지였다.

"킁킁. 열 번만 더 쏘면 과녁을 맞힐 수 있을 것 같은데……."

"엉엉! 두 번을 쏘든, 다섯 번을 쏘든 무슨 소용이 있어. 백 번을 쏴도 과녁을 못 맞히면 곶감은 하나도 없는걸. 꽝이야, 꽝. 엉엉!"

"옳거니! 답은 0이여!"

"맞아! 답은 0이야!"

할머니와 나는 동시에 소리쳤다.

"세상에! 이번에도 호랭이가 답을 맞혔구먼."

정작 호랑이는 어리둥절한 표정으로 고개를 갸웃거렸다.

"들어봐잉. 화살을 두 번 쏜다 해도 과녁을 맞히지 못하면 곶감은

얻을 수가 없잖여. 이게 바로 2×0에 숨은 뜻이여. 2×0은 2를 한 번도 더하지 않는다는 뜻이니께."

떡장수 할머니의 설명에 호랑이는 그제야 고개를 끄덕였다.

"오호라! 결국 아무것도 아니야. 답은 0이라구."

호랑이는 춤까지 덩실덩실 추었다.

"얼씨구절씨구! 이번에도 내가 답을 맞혔네. 얼씨구나, 절씨구나!"

"그려. 호랭이 니가 셈 박사여."

호랭이 니가 최고여!

나는 좀 억울한 생각이 들었다. 언제나 이런 식이다. 나도 이리저리 머리를 굴리며 답을 알아 내려고 노력하는데, 중요한 순간엔 꼭 울보 호랑이가 답을 맞히지 뭔가. 잘난 척하는 호랑이도, 칭찬하는 할머니도 조금 미웠다. 도깹선생도 심사가 뒤틀리는 눈치였다.

"요놈들! 오늘은 어쩔 수 없이 힌트를 줬지만, 내일은 어림없다. 마지막 문제로 결판을 내 주지!"

도깹선생은 욱신거리는 허리를 붙들고 절룩거리며 숲 속으로 사라졌다.

영락없이 곶감이 될 거라고 생각했던 탓일까? 무사히 집에 돌아온 게 너무나 기뻤어.

"왈왈! 왈왈왈! 왈왈왈……. 왈왈왈?(시우야! 반가워! 나 곶감이 됐으면 다신 널 못 만났을 거야……. 정말 다행이지?)"

하지만 시우는 시무룩한 표정으로 시험지만 뚫어져라 들여다보고 있었어. 지난번 수학경시대회 시험지 말이야. 8×0이 얼만지를 묻는 문제를 틀렸더라고. 하하하! 시우야, 너무 실망하지 마. 알쏭달쏭 어려운 문제 같지만 알고 보면 아주 쉬워. 다음엔 꼭 맞힐 수 있을 거야!

1단 곱셈구구와 0과 어떤 수의 곱

1에 어떤 수를 곱하면 항상 어떤 수 자신이 돼.

1 × (어떤 수) = (어떤 수)

반면 0은 어떤 수와 곱해도 언제나 0이 돼.

0 × (어떤 수) = 0   0은 아무리 많이 곱해도 0이야.

(어떤 수) × 0 = 0   어떤 수를 0번 곱한다는 건 어떤 수를 한 번도 곱하지 않은 거니까 0이야.

화분이 있어. 화분에 핀 꽃은 몇 송이일까?

0(꽃송이의 수) × 1(화분의 개수) = 0

문제 1   0 × 3 =

문제 2   0 × 5 =

문제 3   악어 알지? 악어 5마리가 있어.
그럼 악어의 배꼽은 몇 개일까?

답 ▶ ① 0, ② 0, ③ 0개(악어는 배꼽이 없으니까)

"콩쥐는 열심히 독에 물을 부었습니다. 하지만 아무리 물을 부어도 독은 채워지지 않았습니다. 독은 깨진 독이었거든요."

아침부터 시우가 동화책을 읽고 있었다. 옆에서 듣던 나는 계모에게 괴롭힘을 당하는 콩쥐가 가엾어 눈물이 날 지경이었다.

시우는 동화책을 책가방에 챙기더니 쌩하니 학교에 가 버렸다.

오늘은 이상한 학교에서 마지막 문제를 푸는 날!
나도 눈물을 훔치며 대문을 나섰다.

마지막 날이기 때문일까. 모두들 일찌감치 학교에 와 있었다. 떡장수 할머니와 호랑이는 긴장한 표정으로 도깹선생을 바라보았다.
'마지막 문제는 과연 뭘까? 엄청나게 어려운 문제일 거야.'
모두 같은 생각을 하는 게 분명했다.
"저길 봐라."
도깹선생이 가리킨 곳은 광활한 밭! 그 가운데에서 낡은 한복 차림의 소녀가 밭을 매고 있었다.
"콩쥐다!"
아침에 시우의 책에서 본 콩쥐가 분명했다. 슬픈 얼굴로 열심히 호미질을 하고 있었다.
"그래, 콩쥐다. 콩쥐는 한낮 동안 저 밭을 다 매야만 한다. 너희가 콩쥐를 도와서 밭일을 마치면 끝! 이게 마지막 문제다. 그럼 도깨비방망이를 상으로 받고 축제를 즐길 수 있지. 하지만 실패하면, 알지?"
아! 까마득히 넓은 밭을 언제 다 맨다는 말인가. 차라리 셈 문제라면 이리저리 머리를 굴려서 어떻게든 답을 찾을 텐데 밭

매는 게 문제라니! 눈앞이 캄캄해졌다.

"정말 날 도와 줄 거야?"

어느새 콩쥐가 달려와 기대에 찬 눈길로 우리를 보았다. 그러자 호랑이 녀석이 슬금슬금 뒷걸음질을 쳤다.

"난 밭매는 일 따윈 안 해. 그건 소가 하는 일이지. 호랑이가 밭맨다는 말 들어 봤어? 게다가 난 저번에 도깹선생이랑 씨름도 했잖아. 온몸이 쑤신다고. 아이고, 팔이야! 허리야! 이번엔 떡장수 할머니랑 와리가 콩쥐를 도와주는 게 좋겠어."

호랑이 녀석이 여기저기가 아프다며 꾀를 부렸다. 그런데 게으른 호랑이를 혼내야 할 떡장수 할머니까지 한몫을 보태지 뭔가.

"에구! 나도 못 혀. 밭을 반도 못 매고 고꾸라질겨. 걷기도 힘든데, 어떻게 밭을 매라는겨. 난 못 하니께 와리 니가 혀!"

할머니는 아예 호랑이 옆에 발라당 누워 버렸다.

"불공평하게 콩쥐랑 나만 밭을 매라고요? 나도 싫어요!"

나까지 모른 척하자 콩쥐는 그만 울음을 터트리고 말았다.

"너무해! 흑흑! 아무도 날 도와 주지 않아. 밭매기는 다 틀렸어. 흑흑!"

슬프게 우는 콩쥐를 보니, 아침에 콩쥐가 불쌍해 눈물을 훔쳤던 게 생각났다. 밭을 다 못 매면 계모가 또 얼마나 괴롭힐까 생각하니 마음이 아팠다.

"그럼 밭을 똑같이 나누자. 밭을 나눠서 자기가 맡은 몫만 하는 거야. 그럼 공평하잖아."

호랑이는 고개를 갸우뚱거렸다.

"곶감을 나누는 일은 쉬워. 네 개의 곶감을 네 명이 하나씩 나눠 먹으면 되니까. 그런데 밭을 나누어서 맨다고? 한 덩어리인 밭을 어떻게 나눠?"

나는 할머니의 광주리에서 팔다 남은 떡을 하나 꺼냈다.

"자, 요걸 밭이라고 생각해 봐. 이렇게 네 개로 똑같이 나눌 수 있잖아."

나는 칼로 떡을 네 부분으로 잘랐다. 호랑이는 날름 떡을 삼키며 투덜거렸다.

"에이! 간에 기별도 안 가네."

나는 내 몫의 떡까지 호랑이에게 주며 말했다.

"저 밭은 다행히 모양이 삐뚤빼뚤하지 않고 네모 모양이니까, 색종이를 접을 때처럼 네 부분으로 나눠서 하나씩 맡으면 돼."

"요렇게 말이여?"

할머니가 떡보자기에서 네모 모양의 떡을 꺼내더니 네 부분으로 나누었다.

그제야 호랑이도 고개를 끄덕였다.

"아하! 그러니까 네 부분으로 똑같이 나누어서, 그중 하나씩 맡는 거구나."

"그렇지. 각자 '4분의 1'씩 맡으면 되는 거야."

내 말에 이번엔 할머니가 고개를 갸우뚱거렸다.

"4분의 1이 뭐이여?"

"4분의 1을 기호로 쓰면 $\frac{1}{4}$이에요. 시우의 수학책에서 본 적이 있어요. 4분의 1은 '하나를 똑같이 4로 나눈 것 중의 1'이란 뜻이에

요. 요걸 '분수'라고 하던걸요."

"흐미! 이제 보니께 와리가 셈 박사네 그려."

할머니의 말에 나는 어깨가 으쓱해졌다. 이제야 원래 실력을 제대로 인정받은 느낌이었다.

"분수라는 것도 알다니! 와리 최고!"

호랑이가 나를 보는 눈빛도 달라졌다.

"와리야! 나도 분수 좀 가르쳐 줘, 응?"

"좋아! 내 말을 잘 들어봐. 네 앞에 김치 부침개가 하나 있다고 생각해 봐."

"히야! 김치 부침개라고? 고것 참 맛있겠다."

"그런데 부침개를 똑같이 8조각으로 나누는 거야."

"왜?"

"여덟 명이 함께 나누어 먹어야 하니까. 너는 그중에서 한 조각을 먹을 수 있어. 그럼 네가 먹는 양은 $\frac{1}{8}$ 만큼인 거지."

"아하! 하지만 8조각 중에 1조각만 먹는 건 정말 슬픈 일이야."

호랑이는 생각만으로도 아쉬운 듯 입맛을 다셨다.

우리가 나누는 말을 듣던 콩쥐는 그제야 눈물을 닦으며 말했다.

"너희는 셈을 정말 잘하는구나."

콩쥐의 말에 으쓱해진 호랑이는 한껏 잘난 척을 했다.

"와리야, 나누기 문제를 내 봐. 콩쥐하고 내가 풀어 볼게."

나는 땅에 동그라미 두 개를 그렸다.

"그럼 이걸 세 부분으로 나눠 봐. 세 명이 똑같이 나누어 가질 수 있게."

호랑이는 잽싸게 동그라미를 세 부분으로 나누었다. 콩쥐도 신중히 생각하더니 동그라미를 세 부분으로 나누었다.

"콩쥐만 맞혔는걸."

내 말에 호랑이는 펄쩍 뛰었다.

"내 것도 맞아. 내 동그라미도 세 개로 나눠졌잖아."

"세 명이 똑같이 나누어 가져야 한댔잖아. 가운데 것만 넓으니까 똑같이 나누어지지가 않은 거지."

"으흐흐, 그렇구나. 한 번 더 문제를 내 봐. 이번엔 맞힐 거야."

호랑이는 재미가 들렸는지 또 문제를 내라며 난리였다. 하지만 떡장수 할머니가 바삐 호미를 들었다.

"이러다가 해 지겠구먼. 밭은 언제 맬겨?"

"맞다! 밭 매야지."

나는 냉큼 나뭇가지를 들고 밭에 금을 그었다. 곧 밭이 네 부분으로 똑같이 나뉘었다.

"자, 이제 각자 맡은 밭을 열심히 매는겨. 알었제?"

"예!"

합창하듯 소리치며 첫 호미질을 하려는 순간이었다.

"우리도 응원할게. 열심히 해."

저만치에 머리를 곱게 땋고 댕기를 날리며 바리공주와 심청이 달려왔다.

"와리야! 힘내! 할머니도 힘내세요!"

"으샤! 으샤! 호랑이랑 콩쥐도 힘내!"

바리공주와 심청이 손을 흔들며 소리쳤다. 얼굴만 예쁜 게 아니라, 마음씨도 고운 바리공주! 힘이 불끈불끈 솟았다. 나는 빠르게 호미질을 해 나갔다. 친구들의 응원 덕에 생각보다 빨리 내 몫의 밭을 다 맬 수 있었다. 일을 마친 호랑이와 콩쥐도 호미를 놓고 허리를 펴며 일어섰다.

그런데 한 사람, 떡장수 할머니는 아직 반도 매지 못한 채였다.

"할머니에겐 너무 힘든 일이야. 시간이 얼마 남지 않았는데 어쩌면 좋아."

모두들 걱정스런 얼굴이었다. 하지만 걱정만 한다고 문제가 해결되지는 않는 법! 나는 황급히 할머니가 맡은 밭으로 갔다.

"할머니, 제가 도와 드릴게요."

나는 다시 호미질을 시작했다.

"고맙구먼. 내가 꾀부리는 게 아니라, 나이가 드니께 일하는 게 너무 힘들어서 그려."

"우리도 할머니를 도와 드리자."

호랑이와 콩쥐도 달려왔다.

마음을 하나로 모은 탓일까? 곧 할머니가 맡은 밭도 무사히 끝마쳤다. 모두가 힘을 합쳐 마지막 문제까지 해결한 것이다.

"도깹선생은 이걸 보면 뭐라고 할까? 아마 약이 올라서 펄펄 뛸 걸. 화가 나서 뿔을 뽑아 버릴지도 몰라. 낄낄."

실망할 도깹선생을 상상하니 절로 신이 났다. 그런데 도깹선생은 화를 내기는커녕, 가지런한 밭을 보고는 빙그레 웃지 뭔가.

"자, 이제 진짜 잔치가 시작되었다. 모두 함께 즐기는 축제! 난 너희들이 모든 문제를 맞힐 거라고 믿었다."

도깹선생은 처음부터 벌을 줄 생각 따위는 없었다는 듯 기분 좋게 소리쳤다.

"옛다! 도깨비방망이! 이제 맘껏 놀자꾸나."

도깹선생이 던진 도깨비방망이를 받아드는데, 저만치에 혹부리 영감이 도깨비들을 끌고 달려오는 모습이 보였다.

"이제 정말 신명 나게 놀아 볼거나! 장구를 쳐라! 풍악을 울려라! 얼씨구절씨구! 지화자 좋다!"

혹부리 영감은 장구를 치고, 도깨비들은 덩실덩실 춤을 추었다. 바리공주와 심청, 콩쥐와 할머니도 당실당실 어깨를 들썩였다.

"일단 배가 고프니까, 난 고기부터 먹을 거야."

호랑이는 도깨비방망이부터 내리쳤다.

"고기 나와라, 뚝딱!"

"곶감 나와라, 뚝딱!"

"꿀떡 나와라, 뚝딱!"

호랑이는 먹고 싶던 음식을 마구 외쳐댔고, 눈앞엔 금세 진수성찬이 차려졌다.

"호랑아, 먹을 것만 생각하지 말고 같이 춤추자."

심청과 콩쥐가 호랑이를 잡아끌었다. 호랑이는 입에 한가득 음식을 문 채로, 콩쥐와 심청을 등에 태우고 춤을 추었다.

"와리야, 나하고 같이 춤추지 않을래?"

이번엔 바리공주가 나를 향해 손을 내밀었다. 바리공주와 함께 춤을 출 수 있다니! 꿈만 같았다. 나는 콩콩 뛰는 가슴으로 바리공주의 손을 잡았다.

"도깹선생도 이리 오시오잉. 신나게 놀아 보잖께."

할머니가 도깹선생을 잡아끌었다. 도깹선생도 기다렸다는 듯 덩실덩실 춤을 추었다.

"덩기덩 덩더러쿵! 쿵기덕 쿵딱!"

신나는 장구 소리에 맞춰 덩실덩실, 당실당실 우리는 한마음이 되어 춤을 추었다.

이상한 학교의 이상한 잔치는 오래도록 계속되었다.

한껏 들뜬 기분으로 집에 오니, 시우가 대문 앞에 버티고 있었어.

"야! 와리! 너 요즘 어딜 쏘다니는 거야? 학교라도 다녀?"

나는 가슴이 철렁했어.

"그동안 너한테 소홀했던 것 같아서 오랜만에 같이 축구하려고 했더니!"

내가 이상한 학교에 다니는 걸 눈치 챈 줄 알고 깜짝 놀랐더니 그건 아닌가 봐.

"와리야, 내가 너무 학교생활에만 신경 썼지? 학교에는 친구도 많고 매일 새로운 일이 벌어지거든. 와리 너도 데려갈 수 있으면 좋을 텐데."

"왈왈왈. 왈왈왈. 왈왈.(시우야, 나도 그래. 언젠가 꼭 이상한 학교 친구들을 소개해 줄게. 기대해.)"

나는 시우의 따뜻한 손을 핥으며 방실방실 웃었어.

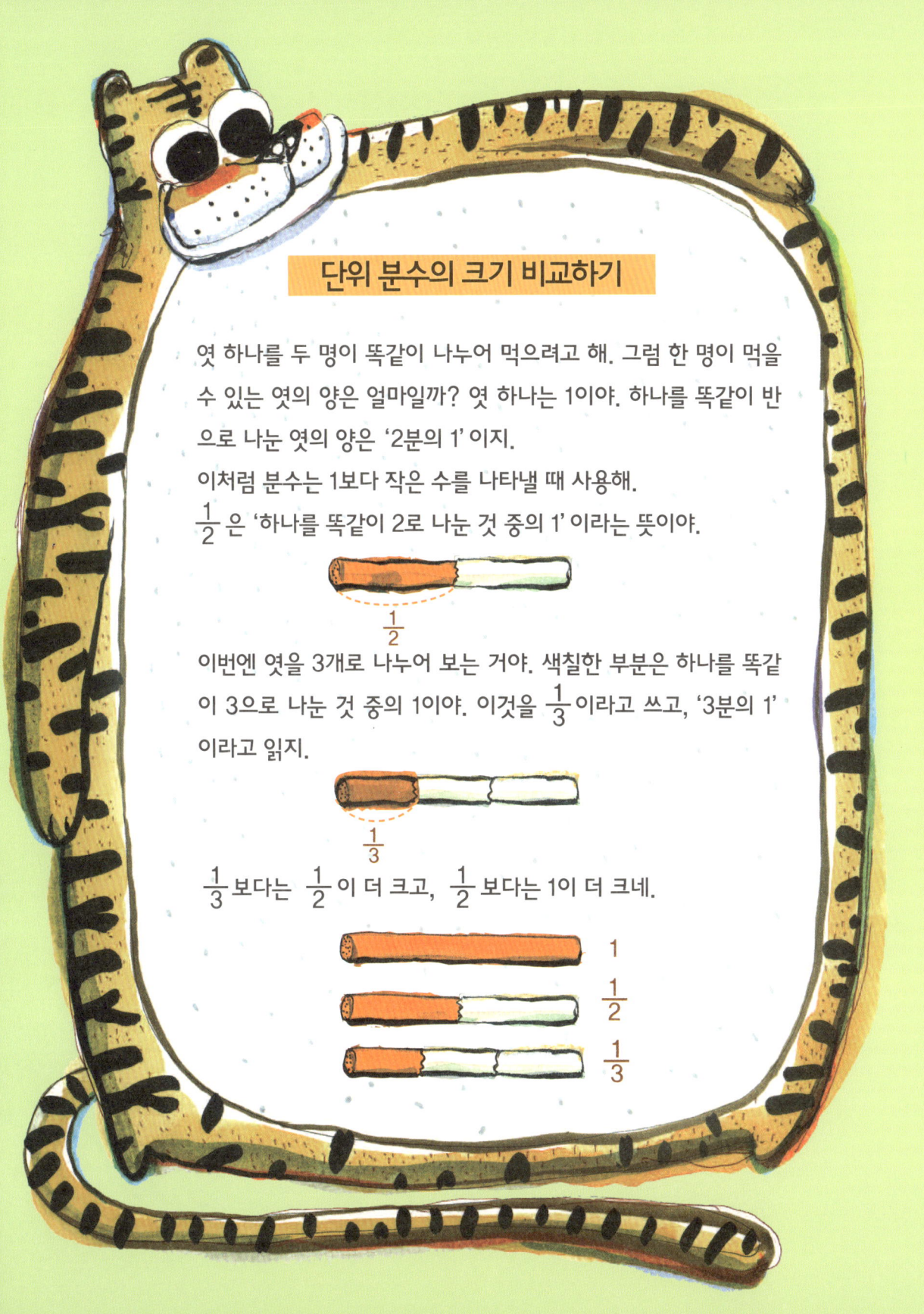

단위 분수의 크기 비교하기

엿 하나를 두 명이 똑같이 나누어 먹으려고 해. 그럼 한 명이 먹을 수 있는 엿의 양은 얼마일까? 엿 하나는 1이야. 하나를 똑같이 반으로 나눈 엿의 양은 '2분의 1'이지.

이처럼 분수는 1보다 작은 수를 나타낼 때 사용해.
$\frac{1}{2}$ 은 '하나를 똑같이 2로 나눈 것 중의 1' 이라는 뜻이야.

$\frac{1}{2}$

이번엔 엿을 3개로 나누어 보는 거야. 색칠한 부분은 하나를 똑같이 3으로 나눈 것 중의 1이야. 이것을 $\frac{1}{3}$ 이라고 쓰고, '3분의 1' 이라고 읽지.

$\frac{1}{3}$

$\frac{1}{3}$ 보다는 $\frac{1}{2}$ 이 더 크고, $\frac{1}{2}$ 보다는 1이 더 크네.

1
$\frac{1}{2}$
$\frac{1}{3}$

● 책 속 부록 ●

개념이 쏙쏙 들어오는
엄마표 수학놀이

▶ 기발한 놀이와 홈스쿨링으로 블로거들 사이에 소문난 엄마,
중현맘이 추천하는 수학놀이로 개념과 원리를 꼭꼭 다져 주세요!

수학놀이 1 바둑돌로 짝짓기 놀이를 해요
수학놀이 2 곱셈으로 빙고놀이 할까?
수학놀이 3 시장놀이로 곱셈을 연습해요
수학놀이 4 사탕을 몇 개씩 나눠 줄 수 있을까?
수학놀이 5 곱셈과 나눗셈은 사이좋은 친구야
수학놀이 6 색종이로 분수 만들기

1. 바둑돌로 짝짓기 놀이를 해요

놀이의 목표 ▶ 바둑돌을 가지고 2개씩, 3개씩, 4개씩 등으로 짝을 짓는 놀이를 하면서 곱셈의 원리 이해하기

놀이 준비물 ▶ 바둑돌, 바둑판, 투명한 컵, 종이컵, 종이, 연필

"중현아, 여기 있는 바둑돌 좀 세어 줄래?"

"음, 전에 한 것처럼 10개씩 묶어서 세면 되죠? 10개씩 2묶음 하고 4개가 남았으니까 24개예요, 엄마."

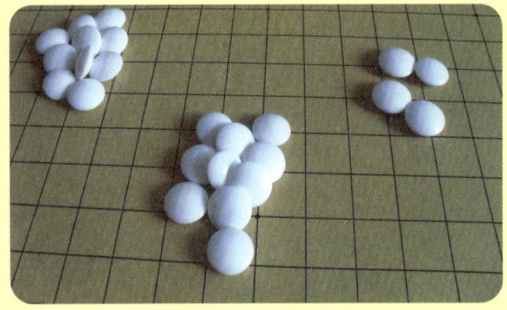

"10개씩 묶어 세는 걸 기억하는구나. 이번엔 좀 다르게 묶어 볼 거야. 6개씩 바둑돌을 줄 세워 봐."

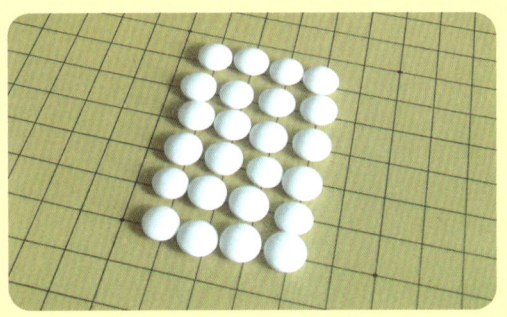

"6개씩 4줄이 되었어요. 24는 6개씩 묶으면 4묶음이 되네요."

"그래, 중현아. 묶어 세는 게 바로 구구단이야. 2개씩 묶으면 2단, 4개씩 묶으면 4단이지. 이제 짝짓기 놀이하자."

"아, 그 놀이 알아요. '2명씩!'이라고 외치면 2명이 짝이 되는 놀이잖아요."

활동 ❶
바둑돌 짝짓기 1단계

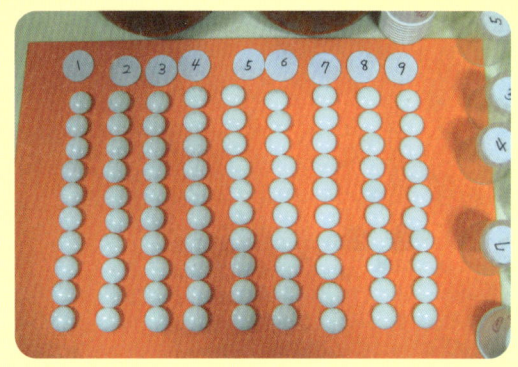

"짝짓기 놀이에 곱셈의 비밀이 숨어 있거든. 바

둑돌이 엄청 많지? 이렇게 많은 바둑돌을 일일이 세려면 오래 걸리잖아. 그래서 묶음으로 셀 거야. 투명한 작은 컵 안에 바둑돌을 짝지어 주는 거다. 준비됐지?"

"예, 엄마. 자신 있어요."

"2개씩 짝지어 주렴."

"엄마, 짝짓는 컵 바닥에 숫자를 써 두었네요. 숫자 순서대로 짝지을까요?"

"그래. 그럼 나중에 바둑돌이 모두 몇 개인지 셀 때 편하거든."

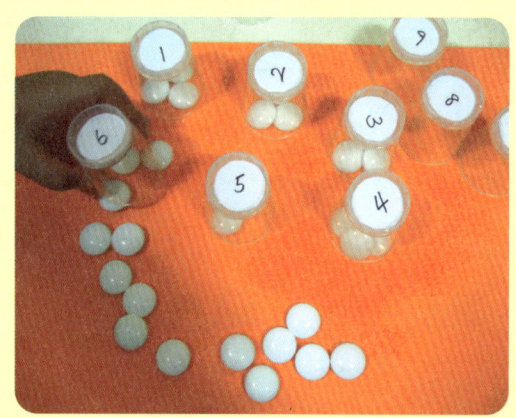

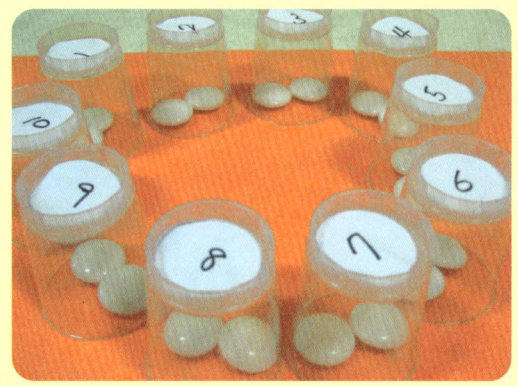

"엄마, 2개씩 다 짝지었어요. 컵 하나에 2개씩 들어 있으니까 컵이 하나면 바둑돌은 2, 컵이 둘이면 4, 컵이 셋이면 6, 컵이 넷이면 8…… 이렇게 돼요."

"잘했다, 중현아. 이번엔 3개씩 짝짓자."

"3개씩 짝짓는다고 하니까 트리케라톱스의 뿔이랑 저팔계의 삼지창이 생각나요."

"와! 중현이 응용력은 대단해! 바로 3개씩 묶음이 되는 것을 찾는구나."

"3개씩 짝지은 묶음이 하나면 바둑돌은 3, 둘이면 6, 셋이면 9, 넷이면 12…… 이렇게 3씩 늘어나네요. 3, 6, 9게임 같아요."

"맞아. 3, 6, 9게임할 때 3씩 커진 수에서 박수를 치잖아. 3씩 커지는 3, 6, 9, 12…… 등의 수를 3의 배수라고 한단다."

활동 ❷
바둑돌 짝짓기 2단계

"이번에는 안이 안 보이는 종이컵으로 해볼게.

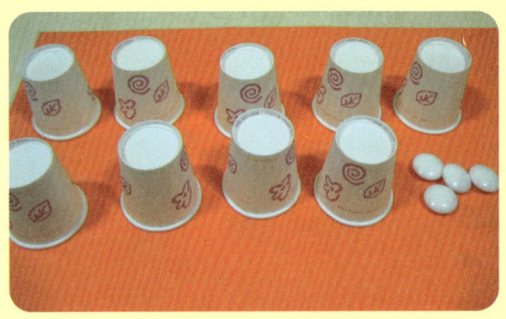

"네 엄마. 4개씩이니까 4, 8, 12, 16, 20…… 이렇게 쭉 나가요."

"표로 정리하니까 구구단표가 되었네. 구구단을 달달 외우지 않고도 수의 규칙으로 이해하면 곱셈을 쉽게 알 수 있어."

"엄마, 마치 제가 새로운 법칙을 발견한 수학자가 된 기분이에요. 하하."

바둑돌을 4개씩 짝지어 줘, 중현아."

"안이 안 보이니까 나중에 개수를 셀 때 머릿속에서 생각해야겠네요."

"응. 그만큼 중현이 실력이 늘겠지? 수가 일정한 규칙으로 늘어나잖아. 그 규칙을 발견하는 것도 정말 재미있지 않니?"

2개씩	1	2	3	4	5	6	7	8	9	10
	2	4	6	8	10	12	14	16	18	20
3개씩	1	2	3	4	5	6	7	8	9	10
	3	6	9	12	15	18	21	24	27	30
4개씩	1	2	3	4	5	6	7	8	9	10
	4	8	12	16	20	24	28	32	36	40

2. 곱셈으로 빙고놀이 할까?

놀이의 목표 ▶ 덧셈식과 곱셈식으로 하는 빙고놀이로 곱셈하는 법 알기
놀이 준비물 ▶ 종이, 연필

활동 ❶
같은 수를 더하는 덧셈식을 이용한 빙고놀이

"오늘은 곱셈 빙고놀이 하면 어떨까? 중현이 빙고놀이 좋아하지?"

"예, 엄마. 빙고놀이는 해도 해도 질리지 않아요."

"그럼 우선 3을 더하는 식으로 빙고판을 채워 보는 게 어때?"

"3을 더하는 식이라뇨? 어떻게요?"

"그러니까 3을 하나씩 늘려서 더하는 거지."

"엄마 이렇게요? 엄마는 빨간색으로 썼네요. 전 파란색으로 썼어요. 그런데 더하기를 많이 쓰니까 힘들어요."

"같은 수를 반복해서 더하려면 번거로우니까 곱셈을 만들었나 봐."

"엄마 제가 먼저 부를게요. 더해서 된 수로 부르면 되죠?"

"와우, 어떻게 알았어? 두 줄 되면 빙고하기로 하자."

"예. 엄마랑 빙고놀이 한두 번 해 보나요. 하하. 우선 6이요."

"6? 그럼 3+3을 찾아 색칠해야겠네. 엄마는 9."

"9면 3+3+3을 칠하면 되죠? 전 18이요."

"18이면 9+9니까 3+3+3+3+3+3으로 3을 6번 더한 걸 찾아야겠다. 엄마는 12."

"전 3. 빙고! 제가 이겼어요."

활동 ❷
곱셈식으로 하는 빙고놀이

"4씩 커지는 구구단 4단으로 한 번 더 할까?"
"예, 엄마. 이번엔 곱셈식으로 써요. 더하기로 계속 쓰는 건 힘들어요."

"그래, 엄마가 먼저 부를게. 24."

"24요? 24는 12가 2개 있는 거고, 12는 4씩 3개니까, 아! 24는 4씩 6개예요. 그러니까 4×6이에요. 전 8이요. 8은 쉽죠?"

"응. 8은 4의 2배니까 진짜 쉽다. 4×2야. 엄마는 12."

"12는 4의 3배니까 4×3이에요. 전 28이요."

"엄마는 32. 빙고!"

"엄마. 32면 8이 4개니까, 4는 8개겠네요. 8×4나 4×8이 답은 똑같아요."

"맞아. 덧셈이나 곱셈은 순서를 바꿔 계산해도 답이 똑같아. 와우, 중현이가 대단한 사실을 알아 냈는걸. 그래도 이번은 엄마가 이겼다."

"다음은 좀 어려운 것으로 하죠. 바로 7씩 커지는 7단으로요."

"다 썼어요, 엄마. 제가 먼저 시작할게요. 35를 찾아 주세요."

"35라고? 그럼 7×5겠네. 7의 5배. 엄마는 어려운 걸로 해야지. 42를 찾아봐."

"42는 35보다 7 크잖아요. 35가 7×5니까 42는 7×6입니다. 제 실력 어때요?"

"우와. 대단하다. 다음엔 중현이가 불러 줘."

"63이요."

"엄마도 중현이처럼 해야지. 7×10은 70이지? 거기에서 7만큼 작은 수니까 63은 7×9야. 엄마는 49."

"전 21이요. 저 빙고예요."

"으윽. 빙고놀이 그만할까?"

"엄마, 제가 새로운 게임을 생각했어요. 구구단 7단과 8단으로 하는 빙고놀이요."

"7단과 8단으로 어떻게?"

"빙고 칸을 16칸으로 늘려요. 7×1, 8×1은 빼고 빙고 칸을 7단과 8단으로 채우는 거예요. 어때요?"

"오우, 좋은 아이디어다. 중현이가 게임 만들기 대장이네. 칸이 늘었으니까 빙고는 세 줄을 칠하고 외치자."

"빙고! 엄마가 세 줄 먼저 칠했지? 중현이 실력이 좋아서 엄마가 간신히 이겼다."

"그래도 최종 성적은 무승부예요. 게임 방법을 직접 만들어서 빙고놀이 했더니 더 재밌어요."

"그래, 중현아. 놀이를 만드는 것도 참 즐거운 공부다. 그렇지?"

"맞아요, 엄마."

"엄마, 다 썼죠? 그럼 제가 먼저 부를게요. 21이요."

"21이라 어디 보자, 7×3을 찾아서 색칠하면 되겠구나. 그럼 엄마는 16. 쉽지?"

"예, 쉬워요. 8이 2개면 16이니까 8×2에 색칠했어요. 저는 42요."

"엄마는 63."

"저는 28이요."

3. 시장놀이로 곱셈을 연습해요

놀이의 목표 ▶ 물건 값을 치르면서 '(몇십)×몇' 의 곱셈 익히기
놀이 준비물 ▶ 시장놀이에 필요한 물건들, 동전(10원, 50원, 100원짜리)

"엄마, 오늘 시장놀이 하기로 했죠?"

"응, 엄마가 중현이 방에 시장 차려 놓고 필요한 물건들도 써 놨어. 한번 볼래?"

"중현이가 계산할 수 있을 정도의 값으로 하다 보니 그렇게 되었네. 동전 가져가서 혼자 사 올 수 있지?"

"예, 엄마. 다녀오겠습니다."

"어서 오세요, 손님. 우리 가게는 무인 시스템입니다. 알아서 물건을 고르고 값을 계산해서, 동전함에 돈을 넣고 가시면 됩니다."

"그러다가 도둑 들면 어쩌려구요. 저처럼 양심적인 손님을 만난 걸 다행으로 아세요."

"엄마, 살 게 참 많네요. 그런데 물건 값이 엄청 싸요."

"엄마, 무인시스템은 재미가 없어요. 엄마가 와서 주인 역할해 주세요."

"알았어. 그냥 앉아 있으면 되지?"

"아니죠. 물건도 찾아 주고, 좋은 물건도 권해 주셔야죠. 아줌마, 떠먹는 요구르트 4개 주세요. 하나에 50원씩 맞나요?"

"응. 맞단다. 4개나 사려구?"

"예, 우리 엄마가 4개 사 오라고 하셨거든요."

"그럼 얼마 내야 하는지 알지?"

"50원이 4개면, 100원이 2개인 것과 같죠? 그럼 200원 드려야겠네요."

"우선 가장 싼 쌀과자를 사겠습니다. 쌀과자는 하나에 20원씩인데 7개를 사야해요. 20원이 5개면 100원이고, 20원이 2개면 40원이니까, 140원 내면 되겠군요. 여기 140원 있습니다. 다음은 김을 사겠습니다. 김은 하나에 30원인데 5개를 사오라고 했으니까, 3×5는 15인데 3이 아니라 30이니까 150원입니다. 150원 낼게요."

"이번엔 어떤 물건을 살래?"

"모형 시계를 살게요. 모형 시계는 하나에 70원이네요? 2개 주세요. 70원씩 2개면 140원이죠? 일단 여기에 좀 적고

돈 드릴게요."

"그래, 천천히 하렴. 그런데 7×2하고 70×2하고 어떤 관계가 있는지 아니?"

"7에 10을 곱한 것이 70이니까, 70은 7의 10배가 되는 거죠. 그러니까 70×2도 7×2의 10배예요."

"와, 넌 개구쟁이처럼 보이는데 수의 관계를 정말 잘 이해하고 있구나."

"이제 '(몇백)×몇'도 할 수 있어요. '몇×몇'에 100배만 하면 되니까요."

"그래. 남은 물건들도 모두 틀리지 않게 계산해서 사 가렴. 엄마가 대견하다 하시겠다."

"예, 아줌마. 감사합니다."

4. 사탕을 몇 개씩 나눠 줄 수 있을까?

놀이의 목표 ▶ 사탕을 나눠 주는 문제를 만드는 놀이로, 나눗셈의 개념과 문장제 이해하기

놀이 준비물 ▶ 사탕 20개, 일회용 밥그릇

"엄마가 사탕 사 왔는데 우리 사탕 먹으면서 나눠 주기 놀이할까?"

"가르기 놀이 말씀하시는 거예요?"

"나눗셈은 똑같은 수로 나눠 주어야 해. 덧셈놀이 때 한 가르기와는 다른 의미야."

"아, 6을 똑같이 3과 3으로 나눠야만 나눗셈이라는 말이죠? 알겠어요."

활동 ❶
사탕으로 나누기 문제 만들기

"중현아, 여기 사탕이 모두 몇 개일까?"

"9개씩 둘이니까 18개네요. 엄마."

"이 사탕 18개를 두 사람에게 나눠 준다면 한 사람이 몇 개를 먹을 수 있을까?"

"당연히 9개죠. 혹시 틀릴 수 있으니까 제가 그릇 두 개에 똑같이 나눠 담아 볼게요. 9개씩 먹을 수 있어요. 18 나누기 2는 9예요, 엄마."

"맞았어. 그럼 중현이도 문제를 만들 수 있을까?"

"음, 18 나누기 2는 얼마인가요? 이렇게요?"

"하하! 엄마는 '사탕 18개를 두 사람에게 나눠 준다면 몇 개씩 먹을 수 있을까요?' 라고 문제를 만들었잖아. 이렇게 문장으로 문제를 만들어 보는 거야."

"어려운데요. 힌트를 주세요."

"그럼 엄마가 또 해볼게. 사탕 18개를 한 사람이 2개씩 먹으면 몇 명이 먹을 수 있나요?"

"아, 그렇군요. 9명이 먹을 수 있어요."

"같은 걸 묻는 듯하지만 전혀 다른 대답이 되지? 엄마랑 놀이를 하면 이해하게 될 거야."

"엄마처럼 저도 문제를 내 볼게요. 사탕 18개를 3명에게 똑같이 나눠 주려고 해요. 한 사람에게 몇 개씩 주어야 할까요?"

"엄마도 확인할 겸 그릇 3개에 나눠 담을게. 6개씩 주면 3명이 똑같이 먹을 수 있겠다."

"엄마도 다른 문제로 만들어 보세요."

"그럴까? 음, 사탕 18개를 6개씩 나누어 준다면 몇 명이 사탕을 먹을 수 있을까요?"

"정답은 3명입니다. 맞죠?"

"그래, 중현아."

"제가 다시 문제 낼게요. 사탕 20개를 5명이 나눠 먹으려면 몇 개씩 먹으면 될까요?"

"5 곱하기 몇이 와야 20이 될까? 생각이 잘 안 나네, 중현아."

"5×4가 20이잖아요. 아하, 그렇군요. 5×4가 20이고, 20÷5는 4가 되는군요."

"또 20÷4는 5가 되지. 이렇게 곱셈과 나눗셈은 친구야."

"곱셈과 나눗셈의 관계를 알았으니까 이제 사탕으로 안 해도 잘할 수 있어요. 사탕 20개를 5명이 나눠 먹으려면 4개씩 먹으면 돼요."

"또 다른 문제는 사탕 20개를 4개씩 나눠 준다면 몇 명이 먹을 수 있을까?"

"정답은 5명이요. 아하, 이제 문제를 어떻게 만드는지도 알겠어요. 신기해요, 엄마."

활동 ❷
사탕 나누기로 나눗셈 개념 알기

"중현아, 이번엔 안 보고도 할 수 있겠지? 자, 사탕 18개를 둘로 나누면 그릇 하나에는 몇 개씩 들어갈까요?"

"하하, 엄마 이건 진짜 쉬워요. 당연히 9개씩이에요. 저도 문제 낼게요. 사탕 18개를 9개씩 나눠 주면 몇 명이 사탕을 먹을 수 있을까요?"

"오우, 제법인걸. 2명이 먹을 수 있어."

"딩동댕, 맞았습니다. 18÷2는 9고, 18÷9는 2니까요."

"중현아, 마지막으로 사탕 18개를 똑같이 6묶음으로 나누는 거랑 사탕 18개를 6개씩 묶는 거랑 어떻게 다른지 알겠어? 사탕으로 해볼래?"

"18개의 사탕을 똑같이 6묶음으로 나누는 건 3개씩 6묶음으로 나누는 것이고, 6개씩 묶는 건 6개씩 3묶음으로 나누는 거예요."

3개씩 6묶음

6개씩 3묶음

"정확하게 이해했어, 중현아. 이렇게 놀이로 곱셈, 나눗셈을 접하면 문장으로 묻는 사고력 문제도 풀기 쉬워. 그래서 엄마는 중현이와 놀이하는 시간이 정말 소중하고 행복해."

"엄마, 저도 그래요."

5. 곱셈과 나눗셈은 사이좋은 친구야

놀이의 목표 ▶ 곱셈과 나눗셈의 관계를 알고 식과 문제를 만들어 보기
놀이 준비물 ▶ 종이, 펜, 주머니나 바구니

활동 ❶
곱셈 카드로 나눗셈식과 문제 만들기

"중현아, 사탕 나눠 주기 놀이할 때 나눗셈과 곱셈의 깊은 관계를 알았잖아. 오늘은 곱셈 카드로 한 번 더 알아보자."

"예, 좋아요. 곱셈과 나눗셈이 얼마나 친한지 알 수 있겠는걸요."

"엄마, 제가 먼저 해볼게요."

"그래. 중현이가 어떤 카드를 뽑을지 기대된다."

"엄마가 주머니에 곱셈식 카드를 숨겨 두었어. 한 장을 뽑아서 곱셈식 답을 말하고, 그 답을 가지고 나눗셈식을 만들어. 마지막으로 문장으로 된 문제까지 내면 돼. 시작할까?"

"엄마, 4×4 카드가 나왔어요. 4×4는 4의 4배니까 16이에요. 나눗셈식을 만들어 볼게요. 16÷4는? 정답은 4입니다. 맞죠?"

"그래, 중현이는 곱셈과 나눗셈의 관계를 잘 알고 있구나. 문장으로 된 문제까지 내 보렴. 어떤 문제를 만들래?"

"사과 16개가 있었는데 그 집 가족이 4명이래요. 몇 개씩 나눠 먹으면 똑같이 사과를 먹을 수 있을까요?"

"와, 잘했다. 16개를 4명이 나눠 먹으려면 4개씩 먹으면 되겠네. 그렇지? 이번엔 엄마가 뽑을게."

"와, 맞아요. 그렇게 수를 가르고 모으는 것으로 곱셈을 해도 재미있네요. 나눗셈으로 식을 바꿔 보세요."

"음, 56÷7은 8. 문제로 만들면, 꽃밭에 꽃이 56송이 있었어요. 7명의 학생들이 똑같이 나누어서 꽃을 가꾸려고 합니다. 한 명이 몇 송이씩 가꿔야 할까요?"

"한 명당 8송이씩 가꾸면 되겠어요. 문제가 참 아름다워요."

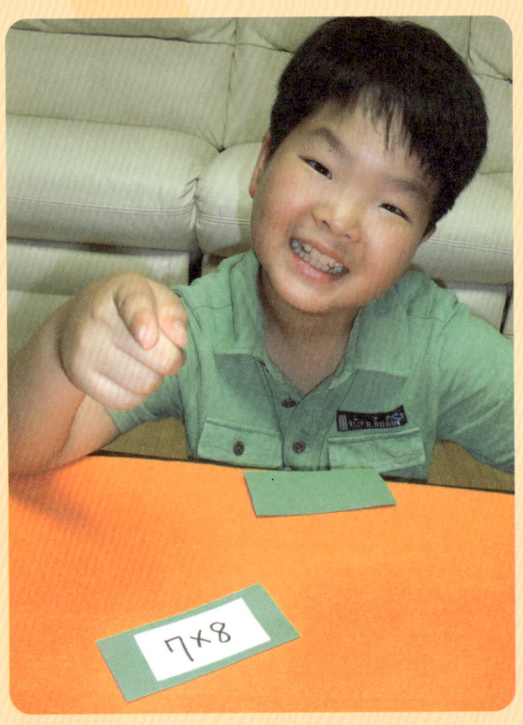

"엄마 7×8이에요. 조금 어렵겠는걸요. 하하."

"그럴까? 7×8은 8×7 하고 같으니까 8×5와 8×2로 가를 수 있지. 8×5는 40이고, 8×2는 16이니까 8×7은 56이야. 어때? 맞지?"

"엄마, 전 8×4 카드를 뽑았어요. 8이 4개니까 32가 되겠네요. 나눗셈으로 바꾸면 32÷8은 4, 또 32÷4는 8이 되겠죠?"

"그래, 그래. 두 가지 다 맞아. 역시 중현이다."

"문제도 만들게요. 하늘에 별이 32개 있는데, 천사들이 별의 주인을 정하겠다고 서로 싸웠어요. 한 천사가 4개씩 가질 수 있다면 천사는 몇 명일까요?"

"중현이가 낸 문제가 더 아름다운걸. 어떻게 이런 생각을 했어? 호호. 천사는 8명이겠다. 그렇지?"

"맞아요. 8명이 별 4개씩 가지고는 자기가 별의 주인이라고 좋아했대요."

파는 빵은 몇 종류일까?"

"4종류요. 4종류가 6개씩이니까 24개의 빵이 되는 거죠."

"딩동댕. 중현이가 답을 잘 맞혔으니까 엄마가 맛있는 빵 만들어 줄게."

"와우, 진짜요? 엄마 고맙습니다."

활동 ❷
수 하나로 다양한 곱셈식과 나눗셈식 만들기

"중현아, 한 단계 높은 놀이도 해볼까? 이 카드엔 달랑 수밖에 없어. 그 수를 보고 나눗셈식이나 곱셈식을 더 많이 만드는 사람이 이기는 게임이야."

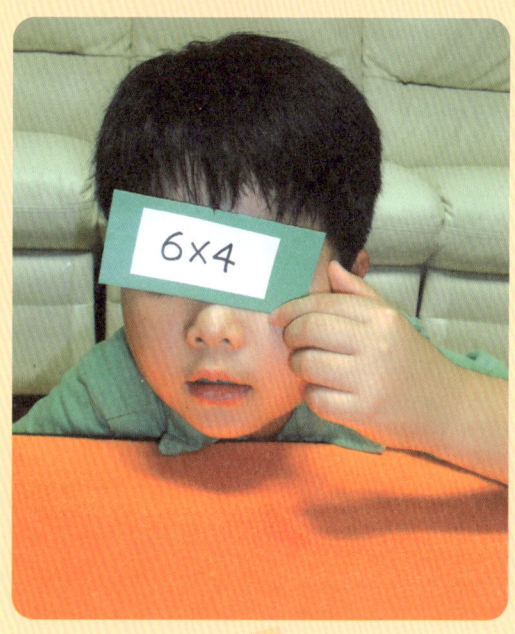

"엄마는 6×4 카드를 뽑았네요. 제가 이마에 붙일 테니 보면서 말씀하세요."

"6×4는 24가 되지. 24÷6은 4, 24÷4는 6이야. 제과점에서 특별히 싸게 팔 빵을 24개 만들었는데 같은 종류의 빵은 6개씩 만들었대. 그럼 싸게

"이 게임도 흥미진진하겠어요. 엄마."

"중현이가 한 장 뽑아 줄래?"

"아, 못 보겠어요. 엄마. 어떤 수가 나왔어요?"

"호호, 20이 나왔어."

"20이에요? 그럼 우선 곱하기로 답이 20이 되게 해볼게요. 4×5, 5×4, 10×2, 2×10, 1×20, 20×1. 다했죠? 그럼 나눗셈으로 넘어갈게요. 20÷1, 20÷2, 20÷4, 20÷5, 20÷10, 20÷20이요."

"네! 32네요. 일단 곱셈식부터 만들어 보면 4×8, 8×4……"

"와! 중현아, 하나도 안 빼놓고 꼼꼼하게 잘했어. 짝짝짝. 이렇게 곱셈과 나눗셈을 머릿속에서 자유자재로 할 수 있어야 나중에 힘들지 않아. 한 번 더 하자."

6. 색종이로 분수 만들기

놀이의 목표 ▶ 색종이 한 장을 2분의 1, 3분의 1 등으로 나눠 오리는
　　　　　　　놀이를 통해 분수의 개념을 이해하고 분수 크기를 비교하기
놀이 준비물 ▶ 색종이, 자, 펜, 가위

활동 ❶
색종이 한 장을 똑같이 나눠 보기

"중현아, 분수라는 말 들어 봤어?"

"분수요? 물 나오는 분수는 아니겠죠?"

"호호, 농담도. 수학에서 나오는 분수 말이야."

"나눌 분(分), 셀 수(數)니까 수를 나눈다는 뜻 아닐까요?"

"맞아. 색종이를 오려 보면 분수를 이해하기 쉬워."

"분수도 '똑같이' 나누는 거군요. 이렇게 반으로 접으면 돼요."

"중현아, 여기 색종이가 있지? 색종이 한 장을 둘로 똑같이 나누려면 어떻게 해야 될까?"

"맞았어. 한 장의 색종이를 반으로 똑같이 나눴지? 나눈 각각의 색종이를 2분의 1이라고 해. ½은 엄마가 아기를 업은 모습을 상상하면 쉬워. 가로줄 아래에 아기 업은 엄마가 분모고, 위에 업힌 아들은 분자야. 분모는 몇으로 나눴는지를 의미하고, 분자는 그중에 얼마인지를 나타내. 그러니까 $\frac{1}{2}$은 둘로 나눈 것 중 하나라는 뜻이지."

"아, 그렇군요. 엄마와 아기로 기억하면 분모, 분자가 헷갈리지 않겠어요."

"이번엔 색종이 한 장을 똑같이 셋으로 나눠 볼까?"

"엄마, 셋으로 나누려면 자가 필요해요. 어림으로 접으면 정확하지 않아요."

"그래. 자로 재서 정확하게 나눠 보렴."

"전체 길이가 15cm예요. 셋으로 나누려면 5cm씩 표시해 놓고 접으면 되겠어요."

"중현이, 대단하다. 셋으로 나눠진 색종이는 각각 $\frac{1}{3}$씩이 되겠지."

"네, 엄마. 그런데 이걸 세로로 반을 접으면 6개로도 나눌 수 있어요. 그럼 각각은 $\frac{1}{6}$이에요."

"그래. 다음은 색종이 한 장을 다섯으로 나눠 볼래?"

"다섯이면 3cm씩 표시해서 접으면 돼요."

"중현이가 이제까지 접은 것들을 다 오려 볼까? 어떤 녀석이 더 큰지 금방 알 수 있게."

"네, 엄마. 정확하게 잘라야 하니까 잠깐 기다리세요."

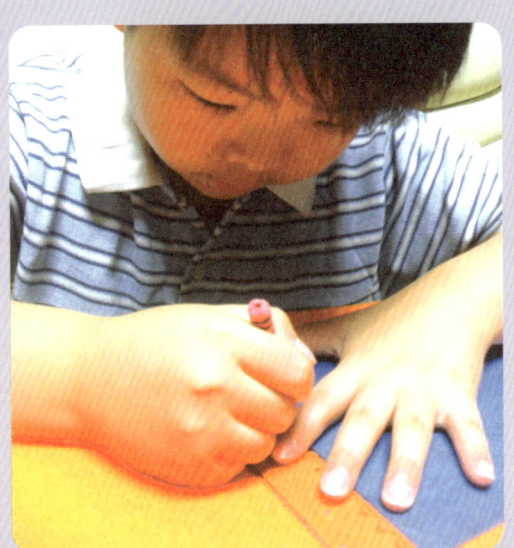

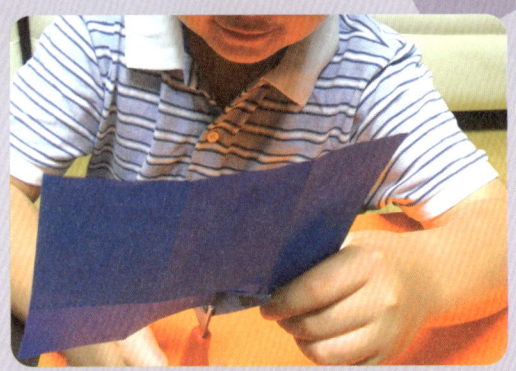

활동 ❷
분수의 크기 비교하기

"중현아, 자른 조각들에 분수로 표시하자. 두 조각으로 나눈 것 중 하나를 분수로 어떻게 나타낸다고 했지?"

"두 개로 나눈 것이 분모니까 아래에 2라고 쓰고요, 그중 하나인 1을 위에 쓰면 $\frac{1}{2}$이에요."

"맞아. 잘 이해했구나."

"세 개로 나눈 것 중 하나는 $\frac{1}{3}$, 네 개로 나눈 것 중 하나는 $\frac{1}{4}$, 다섯 개로 나눈 것 중 하나는 $\frac{1}{5}$, 여섯 개로 나눈 것 중 하나는 $\frac{1}{6}$이지요."

"그럼 중현아, $\frac{1}{2}$과 $\frac{1}{3}$은 어느 것이 더 클까?"

"색종이 한 장을 3명이 나눠 가지는 것보다 2명이 나눠 가지는 게 더 커요. 그러니까 $\frac{1}{2}$이 더 클 것 같아요."

"그래. 아까 자른 색종이들을 쭉 나열해 봐. 한눈에 크기를 비교할 수 있을 거야."

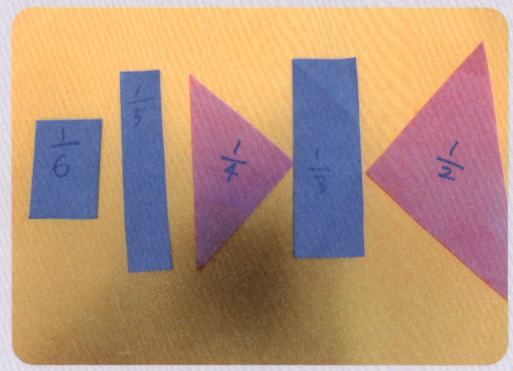

"엄마, 그런데 $\frac{1}{4}$이 $\frac{1}{3}$보다 커 보이지 않아요?"

"그런가? 그럼 모두 다 세로로 잘라 보는 게 낫겠다."

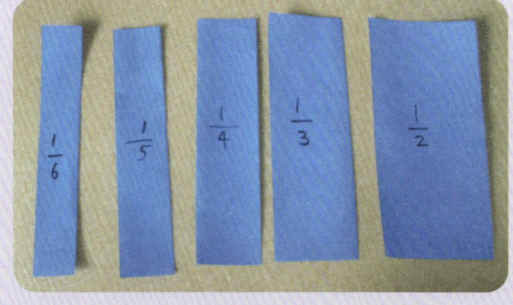

"다 썼어요, 엄마."

"아, 이렇게 보니 정확히 알겠네요. 분자가 1인 분수는 분모가 작을수록 커요. 분수가 처음엔 무슨 소리일까 궁금했는데 색종이를 접으면서 알아보니 하나도 어렵지 않아요."

"알았어요. 엄마. 오늘도 재미있게 놀이해 주셔서 감사합니다."

> 이제 직접 수학놀이를 해 보세요.
> 엄마와 함께 놀면서 수학을 접하면
> 수학이 더욱 재밌어진답니다.